改訂版

全業種で使える

みんなの

接客
中国語

所 有 行 业 的 客 服 中 文

広瀬直子 著

顧蘭亭 翻訳

アルク

はじめに——改訂版に寄せて

　この本の原本である『みんなの接客英語』は2015年に、その翻訳版である『みんなの接客中国語』は2017年に発売されました。フレーズの選定に際しては、接客業に従事する3,000人以上の方にアンケートやインタビューを実施し、「こんなことが外国語で言えたらもっといいサービスができるのに」という現場の経験をもとに、皆が使える・使いたいフレーズをまとめました。今回の改訂版では「プラスアルファのフレーズ」として、新しい生活様式に対応した表現を追加し、さらに役立つ1冊となりました。

　海外からの訪日者数は2019年には3,200万人近くにまで伸びましたが、2020年、世界は感染症に見舞われ、人やモノの流れは劇的に減少してしまいました。コロナ禍を経験した私たちは、対面で人と交流することの価値を痛感し、お店の人と簡単な言葉を交わすだけでも、心の健康に有益なのだということを知っています。

　筆者が住んでいる京都の町を歩いていると、海外からのお客様が日に日に増えていることを実感します。海外からのお客様が空港や駅に到着してから最初に接する日本人は、ほとんどの場合、接客業に従事されている皆さんです。皆さんは世界的に有名な日本の「おもてなし」スピリットを紹介する最前線にいるのです。本書が、訪日客をあたたかく歓迎し、素晴らしい思い出づくりの手伝いをするための一助となれば、筆者にとっては最高の幸せです。

2023年6月

広瀬 直子

この本をお使いになる方へ――取り組み方のヒント

　本書では中国語を学んだ経験がない方にもわかりやすいよう、ピンイン（中国語の発音記号）以外にカタカナで読みがなを付けました。ただ、簡単なフレーズであっても、学んだことのない方にとっては難しいと感じるかもしれません。

　そこで取り組み方のヒントとして、3つのポイントをご紹介します。

（1）本書の『中国語の基礎』（p.14～p.19）を読んで、発音と文法の基本ポイントを押さえておきましょう。発音については、音声を何度も聞いて練習してください。

（2）仕事の中でよく使いそうなフレーズを選び出して覚えましょう。あいさつや短めのフレーズから始めると取り組みやすいでしょう。

（3）音声を聞きながら、フレーズの発音をまねる練習を繰り返します。言えるようになったら、実際に現場で使ってみましょう。

　このように少しずつ使えるフレーズを増やしましょう。

　中国語のリスニングは特に難しいため、お客様の言っていることが聞き取れないこともあると思います。しかし、中国語であいさつするだけでもお客様は喜んでくださいます。あまり気負わずに中国語を使って、お客様とのコミュニケーションを楽しんでください。

　本書が皆さんのお仕事に少しでも役立つことを願っています。

アルク　出版編集部

音声ダウンロードについて

●パソコンでダウンロードする場合

以下のURLで「アルク ダウンロードセンター」にアクセスの上、画面の指示に従って、音声ファイルをダウンロードしてください。

https://portal-dlc.alc.co.jp

●スマートフォンでダウンロードする場合

QRコードから学習用アプリ「booco」をインストール（無料）の上、ホーム画面下「さがす」から本書を検索し、音声ファイルをダウンロードしてください。

（本書の書籍コードは7023034）

https://booco.page.link/4zHd

目次

第1章　まずはここから覚える
全業種共通フレーズ

第3章 日本ならではの心遣いが光る

販売業のフレーズ

第5章

備えあれば憂いなし
医療業&病気・トラブルの際のフレーズ

第6章

トイレ，最寄り駅の場所もしっかり説明
道案内のためのフレーズ

本書の構成

本書は、接客業全般で共通して使われるフレーズを集めた**第1章**、その共通の枠ではくくれないものを、大きく4つに分けて整理した**第2〜5章**、お客様に求められる機会が多い道案内をテーマにした**第6章**、日々変化する現場に対応した**第7章**、そして、**付録**（貼り紙・POP例文集）から成り立っています。

接客中国語をイチから勉強したい人は、まず第1章を読み、その後、自らの業務に関係する章を読み進めてください。また、業務に直接関係ない章からも言い回しのヒントが得られる可能性があるので、余力があればぜひ他の章にも目を通すことをお薦めします。必要なフレーズを直接探したい人は、**目次や巻末の索引**を活用しましょう。

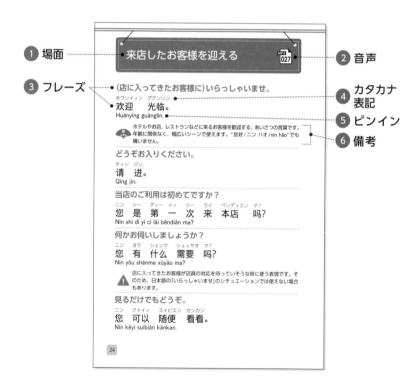

① 場面

③ フレーズ

② 音声

④ カタカナ表記

⑤ ピンイン

⑥ 備考

来店したお客様を迎える
MP3 027

（店に入ってきたお客様に）いらっしゃいませ。

ホワンイィン グアンリン

欢迎　光临。

Huānyíng guānglín.

> ホテルやお店、レストランなどに来るお客様を歓迎する、あいさつの言葉です。年齢に関係なく、幅広いシーンで使えます。"您好/ニン ハオ/nín hǎo"でも構いません。

どうぞお入りください。

チィン ジン

请　进。

Qǐng jìn.

当店のご利用は初めてですか？

ニン シー ディー イィ ツー ライ ベンディエン マ

您 是 第 一 次 来 本店 吗?

Nín shì dì yī cì lái běndiàn ma?

何かお伺いしましょうか？

ニン ヨウ シェンマ シュイヤオ マ

您 有 什么 需要 吗?

Nín yǒu shénme xūyào ma?

> 店に入ってきたお客様が店員の対応を待っていそうな時に使う表現です。そのため、日本語の「いらっしゃいませ」のシチュエーションでは使えない場合もあります。

見るだけでもどうぞ。

ニン クァイィ スイビエン カンカン

您 可以 随便 看看。

Nín kěyǐ suíbiàn kànkàn.

24

❶ 場面

接客の流れに合わせて進んでいきます。それぞれの場面で汎用的に使える
フレーズを紹介し、さらに、特定の業種でよく使われるフレーズは最後に
事例としてまとめて紹介しています。また、場面に関連して押さえておき
たい単語のリスト、その他、コラム、会話例も適宜用意しています。

❷ 音声

見出しフレーズ、単語リスト、会話例の中国語はすべて音声をお聞きいた
だけます。MP3マークの数字は、ファイル名と対応しています。
※音声のダウンロードについては、p. 5をご覧ください。

❸ フレーズ

さまざまな企業で接客業に従事されている方へリサーチを行った結果を基
に、「本当に言いたい」フレーズを選定しています。必要に応じて、灰色
で示されている部分を入れ替えて活用しましょう。

❹ ❺ カタカナ表記、ピンイン

フレーズには、カタカナで読みがなを付けています。中国語の原音に近い
発音ができるよう工夫していますが、あくまで目安として、音声を繰り返
し聞きながら発音練習をしてください。中国語を学んだことがあり、ピン
インを読める方はピンインを活用してください。

❻ 備考

内容によって、3種類のマークが使い分けられています。

おもてなし
文化背景の違うお客様に接する時のコツ、日本人らしい心遣いを中
国語で表現する方法などをまとめています。お客様に、ご帰国の際
に良い思い出を持ち帰っていただけるよう活用してください。

注意
フレーズを使う上で気を付けてほしいこと、日本人が間違えやすい
ポイントなどについて整理しています。お客様との間で生じやすい
誤解やトラブルも未然に防げるようになります。

アドバイス
フレーズの補足説明や関連表現、その他接客時に役立つさまざまな
内容を取り上げています。

中国語の特徴 —発音と文法—

1. 漢字について

「中国語」といえば漢字、ですね。

たしかに、中国語はすべて漢字で表記されています。でも、その「漢字」は日本の漢字とは形が少し異なります。中国大陸を中心に使われているのが「簡体字」で、その名のとおり簡略化された漢字です。日本の漢字も簡略化されていますが、「簡体字」はそれより画数が少なくなっています。一方、香港や台湾では「繁体字」と呼ばれる簡略化されていない漢字が使われています。例えば日本語の「学習」は、簡体字では"学习"、繁体字では"學習"とそれぞれ異なります。本書では基本的に**簡体字**で表記しています。

では、その漢字をどう発音するのでしょうか。中国で、標準中国語は"普通话"（プートンホワ）と呼ばれ、北京語を基礎とした標準語としての発音が決められています。香港や広東省で使われる「広東語」や上海の「上海語」など、中国には多くの方言があり、中国人同士でも通じない場合がありますが、書き言葉にすれば伝わります。それは、どの方言もほぼすべて漢字で表されているからです。本書では"普通话"の発音で発音し、表記しています。

2. 発音について

中国語の発音で、**何より重要なのは「声調」**という音の上げ下げです。漢字1つについてアクセントを1つ付けて発音します。声調は「第1声」（高いまま平らに発音）、「第2声」（上げる）、「第3声」（低いまま発音）、「第4声」（下げる）の4つあり、さらに声調がつかない「軽声」もあります。

		＜例＞
第1声	高く平らに	mā ［妈］
第2声	急激にぐっと上げる	má ［麻］
第3声	低く抑える	mǎ ［马］
第4声	急激にぐっと下げる	mà ［骂］

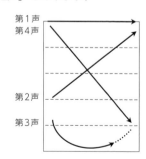

漢字１つ１つに「子音＋母音」（母音だけもあり）の音節と声調の組み合わせが決まっています。ほとんどの漢字の発音は１つしかありません。

「マー」という発音を例とした音声を聞いてください。

① 第1声　マー mā （"妈"＝「おかあさん」）

② 第2声　マー má （"麻"＝「アサ」）

③ 第3声　マー mǎ （"马"＝「馬」）

④ 第4声　マー mà （"骂"＝「ののしる」）

⑤ 軽声　　マ ma （"吗"＝「〜ですか？」という疑問を表す。軽声は伸ばさない）

3. 発音の表記と実際の発音

上の「マー」という音は"ma"で表されていました。これは「ピンイン」と呼ばれる発音記号です。ピンインは独自の表記方法を用いており、そのままローマ字読みできないものも多くやや分かりにくいため、本書では同時に、カタカナ表記（準拠：「中国語音節表記ガイドライン［平凡社版］」http://cn. heibonsha.co.jp）も載せています。本書を見ながら音声を繰り返し聞いて発音練習をしてください。

音声を聞いていただくと分かるように、ピンインをカタカナ読みしてもOKの音も多いのですが、カタカナでは表しきれない発音もいくつかあり、少し注意が必要です。音声を聞きながら、まねしてみましょう。

【A】カタカナ読みでは通じにくい中国語独自の発音

（母音）

① 「ユィ」（ピンインは"yu"）は唇をすぼめて突き出して、口の奥で「イー」と言う母音。この母音を使う音を聞いて練習してください。

ユィyǔ （"雨"）、ユィyú （"魚"）、チュィqù （"去"…「行く」）、リュィlǚ （"旅"）、ニュィnǚ （"女"）

② 「ウァ」（ピンインは"e"）は唇を横に広げ、のどの奥から「オー」と言う母音。この母音を使う音を聞いて練習してください。

ウァè （"饿"…「おなかがすいた」の意味）、クァkè （"客"）、ホァhē （"喝"…「飲む」）

❸ ピンインでは"zi""ci""si"は"-i"となっていますが、「イ」ではなく、それぞれ口を左右に引いて「ヅー」「ツー」「スー」となります。
ヅーzì（"字"）、ツーcì（"次"…「～回」）、スーsì（"四"）

❹ 「イエン」（ピンインは"ian/yan"）は「イアン」とは発音しません。
イエンyān（"烟"…「たばこ」）、ジエンjiàn（"见"…「会う」）、シエンxiàn（"线"…「糸、線」）、ティエンtiān（"天"…「空／～日」）

（子音）

❶ 「ヂー」（ピンイン表記は"zh"）は舌を宙に浮かせ、舌先を上の歯茎に軽くつけて「ヂー」と発音します。この子音を使う音を聞いて練習してください。
ヂーzhī（"知"）、ヂョァzhè（"这"…"これ"の意味）、ヂャンzhàn（"站"…「駅」）、ヂォンzhōng（"中"）、ヂェンzhēn（"真"）、ヂュウzhù（"祝"）

❷ 「チー」（ピンイン表記は"ch"）は舌を宙に浮かせ、舌先を上の歯茎に軽くつけて強く息を出しながら「チー」と発音します。この子音を使う音を聞いて練習してください。
チーchī（"吃"…「食べる」の意味）、チァchá（"茶"）、チョァchē（"车"…「車」）、チァァンcháng（"长"…「長い」）、チュウchū（"出"）

❸ 「シー」（ピンイン表記は"sh"）は舌を宙に浮かせ、舌先を上の歯茎に軽くつけて強く息を出しながら「シー」と発音します。この子音を使う音を聞いて練習してください。
シーshì（"是"…「～は～である」という意味の動詞）、シャンshān（"山"）、シャァンshàng（"上"）、シュイshuǐ（"水"）

❹ 「ロァ」（ピンイン表記は"r"）は舌を宙に浮かせ、舌先を上の歯茎に軽くつけて強く息を出しながら母音を発音します。この子音を使う音を聞いて練習してください。
ロァrè（"热"…「暑い、熱い」）、リーrì（"日"）、ロォウròu（"肉"）、ロェンrén（"人"）

【B】ピンインの表記がアルファベットの発音とまったく異なるもの

❶ 「ツー」の子音は"c"で表されます。
ツーcì（"次"…「～回」）、ツァアcā（"擦"…「拭く」）、ツァイcài（"菜"…「料理」）、ツァンcān（"餐"…「食事」）、ツゥcù（"醋"…「酢」）

❷ 「チィ」の子音は"q"で表されます。
　　チュィ qù（"去"…「行く」）、チュエン quán（"全"）、チュィン qún
　　（"群"）

4. 中国語の文法について

いくつか基本的な文法をご紹介しておきましょう。

【A】"是"（シー）

動詞です。英語の be 動詞に似ています。「A は B である」という使い方を
します。
（私）（〜です）（日本人）

"我　是　日本人。" …私は日本人です。

（Wǒ　shì　Rìběnrén.）
（ウオ　シー　リーベンロェン）

さらに"的"で名詞を修飾します。
（これ）（〜です）（私）（の）（本）

"这　　是　我　的书。" …これは私の本です。

（Zhè　　shì　wǒ　de shū.）
（ヂョァ　シー　ウオ　ダ　シュウ）

【B】動詞の文

主語＋動詞＋目的語 という語順は、日本語と異なります。
（私）（行く）（中国）

"我　去　　中国。" …私は中国に行きます。

（Wǒ　qù　　Zhōngguó.）
（ウオ　チュィ　ヂォングゥオ）

<否定文>"我 不 去 中国。" `[MP3 015]` …私は中国に行きません。

(Wǒ bú qù Zhōngguó.)

(ウオ ブゥ チュイ ヂォングゥオ)

<疑問文>"你 去 中国 吗?" `[MP3 016]` …あなたは中国に
行きますか。

(Nǐ qù Zhōngguó ma?)

(ニィ チュイ ヂォングゥオ マ?) "你"=「あなた」

【C】形容詞の文

主語＋副詞＋形容詞 中国語の形容詞文には"是"は使わず、基本的には必ず副詞を前に置くという特徴があります。

(これは) (とても) (おいしい)

"这个 很 好吃。" `[MP3 017]` …これはおいしいです。

(Zhèige hěn hǎochī.)

(チェイガ ヘン ハオチー) "这个"=「これ」

("很"は「とても」というニュアンスは強くなく、特に強調するとき以外は"很"を置くことになっています)

<否定文>"这个 不 好吃。" `[MP3 018]` …これはおいしくありません。

(Zhèige bù hǎochī.)

(チェイガ ブゥ ハオチー)

<疑問文>"那个 好吃 吗?" `[MP3 019]` …それはおいしいですか。

(Nèige hǎochī ma?)

(ネイガ ハオチー マ?) "那个"=「あれ、それ」

【D】"请"と"别"…依頼と禁止の言い方

接客では"请"(qǐngチン) → 「どうぞ～してください」、"别"(biéビエ) → 「～してはいけません」の言い方を覚えておくといいでしょう。

"请坐。" `[MP3 020]` …どうぞお座りください。(Qǐng zuò.チン ヅゥオ)

"别抽烟。" **MP3 021** …たばこを吸ってはいけません。

（Bié chōuyān. ビエ　チョウイエン）

【E】代表的な疑問詞

肯定文の中で、尋ねたい部分をそれに対応する疑問詞に置き換えると疑問文になります。

「何」→"什么"（shénme シェンマ）

MP3 022

「どの、どれ」→"哪个"（něige ネイガ）

「どこ」→"哪儿"（nǎr ナアル）

「いつ」→"什么时候"（shénme shíhou シェンマ　シーホウ）

「誰」→"谁"（shéi シェイ）

「どのように、どう」→"怎么"（zěnme ヅェンマ）

「なぜ」→"为什么"（wèi shénme ウェイ　シェンマ）

＜例＞

他	明天	去	中国。 **MP3 023** …彼は明日、中国に行きます。
Tā	míngtiān	qù	Zhōngguó.
タァ	ミィンティエン	チュィ	ヂォングゥオ.

↓

他	明天	去	哪儿? **MP3 024** …彼は明日、どこに行きますか。
Tā	míngtiān	qù	nǎr?
タァ	ミィンティエン	チュィ	ナアル?

他	什么	时候	去	中国? **MP3 025** …彼はいつ中国に行きますか。
Tā	shénme	shíhou	qù	Zhōngguó?
タァ	シェンマ	シーホウ	チュィ	ヂォングゥオ?

谁	明天	去	中国? **MP3 026** …誰が明日、中国に行きますか。
Shéi	míngtiān	qù	Zhōngguó?
シェイ	ミィンティエン	チュィ	ヂォングゥオ?

制作協力

本書を制作するに当たり、多くの企業、団体の皆様にご意見をいただきました。残念ながら、そのすべてのお名前の掲載はかないませんでしたが、ご協力くださった全員に、この場を借りて厚く御礼申し上げます。

【飲食業】

● 養老乃瀧 （養老乃瀧株式会社）
　https://www.yoronotaki.co.jp/

● HUB BRITISH PUB | 82 ALE HOUSE （株式会社ハブ）
　https://www.pub-hub.com/

● SUBWAY （日本サブウェイ合同会社）
　https://www.subway.co.jp/

【販売業】

● 株式会社ビックカメラ
　https://www.biccamera.co.jp

● ADIEU TRISTESSE （株式会社ビギ）
　https://adieu-tristesse.jp/

● ANA DUTY FREE SHOP （全日空商事デューティーフリー株式会社）
　https://www.anadf.com

● Fa-So-La成田空港免税店 （株式会社NAAリテイリング）
　https://www.fasola.jp/

（次ページに続きます）

【宿泊・レジャー・美容業、医療業など】

● 琵琶湖 瀬田川畔 料亭　新近江別館
　http://www.shin-oumi.jp/

● リッチモンドホテル（アールエヌティーホテルズ株式会社）
　https://richmondhotel.jp/

● 江戸東京博物館
　https://www.edo-tokyo-museum.or.jp/

● 東京ドームシティ アトラクションズ（株式会社東京ドーム）
　https://at-raku.com/

● 美容室Paddle
　http://www.paddle-link.com/

● fou HAIR SALON
　http://www.fouhair.com/

● 成城スキンケアクリニック
　http://www.seijo-skincare.com/

第1章

まずはここから覚える

全業種共通

フレーズ

来店したお客様への声かけや見送り、
会計への案内、忘れ物の対応など、
業種を問わずに使える表現を集めま
した。
まずはここから確認していきましょう。

来店したお客様を迎える

（店に入ってきたお客様に）いらっしゃいませ。

ホワンイィン　グアンリン.
欢迎　　光临。
Huānyíng guānglín.

 ホテルやお店、レストランなどに来るお客様を歓迎する、あいさつの言葉です。年齢に関係なく、幅広いシーンで使えます。"您好／ニン ハオ／nín hǎo"でも構いません。

どうぞお入りください。

チィン　ジン.
请　进。
Qǐng jìn.

当店のご利用は初めてですか？

ニン　シー　ディー　イィ　ツー　ライ　ベンディエン　マ?
您 是 第 一 次 来 本店　吗?
Nín shì dì yī cì lái běndiàn ma?

何かお伺いしましょうか？

ニン　ヨウ　シェンマ　シュィヤオ　マ?
您 有 什么 需要 吗?
Nín yǒu shénme xūyào ma?

 店に入ってきたお客様が店員の対応を待っていそうな時に使う表現です。そのため、日本語の「いらっしゃいませ」のシチュエーションでは使えない場合もあります。

見るだけでもどうぞ。

ニン　クァイィ　スゥイビエン　カンカン.
您 可以 随便　看看。
Nín kěyǐ suíbiàn kànkan.

よく言うひとこと

かしこまりました。

ハオ　ダ,　シエシエ　ニン!
好 的，谢谢 您!
Hǎo de, xièxie nín!

お客様の依頼や注文に応じるときに使います。"好的/ハオ ダ/hǎo de"のみ
や"知道了/チーダオ ラ/zhīdao le"も同じ意味ですが、それらよりも丁寧な
言い方です。いつでもすぐに言えるように練習しておきましょう。

ご案内します。

ウオ　ダイ　ニン　チュィ.
我 带 您 去。
Wǒ dài nín qù.

「私がお連れします」という意味です。このフレーズを覚えておくと、場所の
案内に重宝します。

こちらです。

シー　ヂョアリ.
是 这里。
Shì zhèli.

手のひらを上にして、方角を指し示しながら言いましょう。「あちらです」な
ら "在那边/ヅァイ　ネイビエン/zài nèibian" です。

すぐにお持ちします。

ウオ　マァシャァン　ゲイ　ニン　ナァライ.
我 马上 给 您 拿来。
Wǒ mǎshàng gěi nín nálai.

25

確認いたします。

ウオ　チュエロェン　イィシア.
我 确认 一下。
Wǒ quèrèn yíxià.

 お客様に何かを聞かれたけれど即座に答えられない場合は、このように述べましょう。

少々お待ちください。

チィン　ニン　シャオ　デゥン　イィシア.
请 您 稍 等 一下。
Qǐng nín shāo děng yíxià.

 電話では"请稍候／チィン シャオ ホウ／qǐng shāo hòu"もよく使われます。

お待たせしました。

ロァァン　ニン　ジウ　デゥン　ラ.
让 您 久 等 了。
Ràng nín jiǔ děng le.

お待たせして申し訳ございません。

ドゥイ ブ チィ,　ロァァン　ニン　ジウ　デゥン　ラ.
对不起, 让 您 久 等 了。
Duìbuqǐ, ràng nín jiǔ děng le.

いかがですか？

ニン　ジュエダ　ヅェンマヤン?
您 觉得 怎么样?
Nín juéde zěnmeyàng?

 「お気に召しましたか？」、また試着時の「着心地はいかがですか？」に当たる表現。

(「～していいか」と聞かれた時の)どうぞ。

ハオ　ダ.
好 的。
Hǎo de.

(品物を渡したり料理を出したりする時の)どうぞ。

チェイガ　ゲイ　ニン. ／ チィン マン　ヨン.
这个 给 您。／请 慢 用。
Zhèige gěi nín./Qǐng màn yòng.

"这""那"の発音は"ヂョア/zhè""ナァ/nà"と"ヂェイ/zhèi""ネイ/nèi"の2つがあり、口語では"ヂェイ/zhèi""ネイ/nèi"と発音することが多いです。ただし、場所を示す"这儿""那儿"は"ヂョアル/zhèr""ナアル/nàr"のみです。

どういたしまして。

メイ　グワンシ.
没 关系。
Méi guānxi.

日本ではチップを払う習慣はありません。

リーベン　ブゥ　ショウ シアオフェイ.
日本 不 收 小费。
Rìběn bù shōu xiǎofèi.

お釣りはご旅行のために取っておいてください。

ヂャオ ニン　ダ　チエン ニン　ファイィ　ヅァイ リュィヨウ シー
找 您 的 钱 您 可以 在 旅游 时
シーヨン.
使用。
Zhǎo nín de qián nín kěyǐ zài lǚyóu shí shǐyòng.

チップの受け取りを断る際に使える、気の利いた表現です。

聞き取れない・わからない

何とおっしゃいましたか？

ニン　シュオ　シェンマ？
您 说 什么？
Nín shuō shénme?

もう一度おっしゃってくださいますか？

チィン　ニン　ヅァイ　シュオ　イィ　ビエン　ハオ　マ？
请 您 再 说 一 遍 好 吗？
Qǐng nín zài shuō yí biàn hǎo ma?

もう少しゆっくり話していただけますか？

チィン　ニン　マン　ディアル　シュオ．
请 您 慢 点儿 说。
Qǐng nín màn diǎnr shuō.

英語でなんといいますか？

ヨン　インユィ　ヅェンマ　シュオ　ナ？
用 英语 怎么 说 呢？
Yòng Yīngyǔ zěnme shuō ne?

書いていただけますか？

ニン　クァイィ　シエ　イィシア　マ？
您 可以 写 一下 吗？
Nín kěyǐ xiě yíxià ma?

 注文が聞き取れなかった時、紙とペンを渡して書いてもらうとよいでしょう。

ここに書いてくださいますか？

チィン シエヅァイ ヂョァリ，ハオ　マ？
请　写在　这里，好　吗？
Qǐng xiězài zhèli, hǎo ma?

中国語の話せる者を連れてまいります。

ウオ　チュィ　ジアオ　ホゥイ　シュオ　ヂォンウェン　ダ　　ロェン ライ．
我　去　叫　会　说　中文　　的　人　来。
Wǒ qù jiào huì shuō Zhōngwén de rén lái.

申し訳ありませんが、中国語を話せる者がおりません。

シーヅァイ　バオチエン，ウオメン　　ヂョァリ　　メイヨウ　　ロェン ホゥイ
实在　抱歉，我们　这里　没有　人　会

シュオ　ヂォンウェン．
说　中文。
Shízài bàoqiàn, wǒmen zhèli méiyǒu rén huì shuō Zhōngwén.

レジに案内する

あちらでお会計をお願いします。

チィン ダオ ネイビエン チュィ フゥクワン.
请 到 那边 去 付款。
Qǐng dào nèibian qù fùkuǎn.

飲食店などでテーブルに着席したまま支払うことに慣れているお客様もいらっしゃいますので、覚えておきましょう。

こちらのカゴをお使いください。

ニン クァイィ ヨン ヂェイガ ランヅ.
您 可以 用 这个 篮子。
Nín kěyǐ yòng zhèige lánzi.

空箱をレジにお持ちください。

チィン ナァヂャ コォン ホァヅ チュィ ショウインタイ チュィ ホゥオ フゥクワン.
请 拿着 空 盒子 去 收银台 取 货 付款。
Qǐng názhe kōng hézi qù shōuyíntái qǔ huò fùkuǎn.

高額商品や一部の医薬品を空箱にして陳列するのは、日本ならではの習慣です。不思議に思ったお客様には"这是为了防盗/ヂョァ シー ウェイラ ファンダオ/zhè shì wèile fángdào"(防犯目的です)と告げてください。

実物はスタッフにお尋ねください。

シアン カン シャァンピン, チィン ニン ヅーシュィン フゥウゥユエン.
想 看 商品， 请 您 咨询 服务员。
Xiǎng kàn shāngpǐn, qǐng nín zīxún fúwùyuán.

足元の青い線に沿って並んでください。

チィン イェンヂャ ジアオシア ダ ランシエン パイドゥイ.
请 沿着 脚下 的 蓝线 排队。
Qǐng yánzhe jiǎoxià de lánxiàn páiduì.

列に並んでお待ちください。

チィン　パイドゥイ　デゥンホウ.
请　排队　等候。
Qǐng páiduì děnghòu.

こちらの列にお移りいただけますか？

ネゥン　マァファン　ニン　パイダオ　チェイビエン　ダ　　ドゥイリ　　ライ
能　麻烦　您　排到　这边　的　队里　来
マ?
吗？
Néng máfan nín páidào zhèibian de duìli lái ma?

列の最後尾にお並びください。

チィン　ダオ　ホウミエン　チュィ　パイドゥイ.
请　到　后面　去　排队。
Qǐng dào hòumian qù páiduì.

お次にお待ちのお客様、こちらのレジへどうぞ。

シア　イィ　ウェイ　グゥクァ　チィン　ダオ　チェイビエン　ダ
下　一　位　顾客　请　到　这边　的
ショウインタイ.
收银台。
Xià yí wèi gùkè qǐng dào zhèibian de shōuyíntái.

列に並んでいるお客様に向けて、手を挙げてこう言いましょう。"下一位请/
シア　イィ　ウェイ　チィン/xià yí wèi qǐng"(p.101)、"下一位顾客请到这
边/シア　イィ　ウェイ　グゥクァ　チィン　ダオ　チェイビエン/xià yí
wèi gùkè qǐng dào zhèibian"でも構いません。

このフロアの商品は、こちらでご精算くださいませ。

ベン　ロウツゥン　ダ　　シャァンピン　チィン　ヅァイ　ヂョァリ　フゥクワン.
本　楼层　的　商品　请　在　这里　付款。
Běn lóucéng de shāngpǐn qǐng zài zhèli fùkuǎn.

会計1 金額を伝える

MP3 031

合計はこちらになります。

ヂョァ　シー　ヅォン　ジンウァ.

这　是　总　金额。

Zhè shì zǒng jīn'é.

 数字を中国語で読むのが難しい場合は、レジに表示される金額を見ながらこう言いましょう。

税込みで1,100円になります。

ハンシュイ　イィゴォン　シー　イィチエンイィバイ　リーユエン.

含税　一共　是　1100　日元。

Hánshuì yígòng shì yìqiānyìbǎi Rìyuán.

 金額の読み方はコラム(p.33)を参照してください。

こちらは税抜きの表示です。

ヂョァ　シー　ブゥ　ハンシュイ　ダ　ジアグァ.

这　是　不　含税　的　价格。

Zhè shì bù hánshuì de jiàgé.

 税抜き表示の商品をレジに通した際、税込みの支払額が現れ、そこで「値段が違う」と言われることがあります。その時には、値札の金額を指しながらこう言いましょう。

合計3点でよろしいですか？

ニン　イィゴォン　ヤオ　サン　ジエン,ドゥイ　マ?

您　一共　要　三　件，对　吗?

Nín yígòng yào sān jiàn, duì ma?

以上でよろしいですか？

ニン　ハイ　シュィヤオ　ビエ　ダ　ドォンシ　マ?
您 还 需要 别 的 东西 吗?
Nín hái xūyào bié de dōngxi ma?

550円です。

ウゥバイウゥシー　リーユエン.
550 日元。
Wǔbǎiwǔshí Rìyuán.

5点で1,000円です。

ウゥ　ジエン　イィゴォン　シー　イィチエン　リーユエン.
五 件 一共 是 1000 日元。
Wǔ jiàn yígòng shì yiqiān Rìyuán.

レジ袋は1枚5円ですが、ご利用になりますか？

イィ　ガ　ゴウウゥダイ　シー　ウゥ　リーユエン，ニン　ヤオ　マ?
一 个 购物袋 是 5 日元，您 要 吗?
Yí ge gòuwùdài shì wǔ Rìyuán, nín yào ma?

サービス料10%が含まれております。

バオクゥオ　バイフェンヂーシー　ダ　フゥウゥフェイ　ヅァイネイ.
包括 10%(百分之十) 的 服务费 在内。
Bāokuò bǎifēnzhīshí de fúwùfèi zàinèi.

金額の言い方

値段を中国語で伝えられるようになるためには、数字の言い方を覚えておく
必要があります。まずは基本となる1〜9を含む数詞と、位を表す数詞を言
えるようにしましょう。

1/一 (イィ/yì)　　2/二 (アル/èr)　　3/三 (サン/sān)　　4/四 (スー/sì)
5/五 (ウゥ/wǔ)　　6/六 (リウ/liù)　　7/七 (チィ/qī)　　8/八 (バァ/bā)
9/九 (ジウ/jiǔ)　　10/十 (シー/shí)　　0/零 (リィン/líng)　　百 (バイ/bǎi)
千 (チエン/qiān)　　万 (ワン/wàn)　　亿 (イィ/yì)

2けた以上の数字は上記の基本数詞と位を表す数詞の組み合わせになります。

12　　　　十二/シーアル/shí'èr

100　　　一百/イィバイ/yìbǎi　→"一百"のように必ず"一"を付けます。

648　　　六百四十八/リウバイ スーシ バァ/liùbǎi sìshi bā

1296　　一千二百九十六/イィチエン アルバイ ジウシ リウ/yìqiān èrbǎi jiǔshi liù

15380　一万五千三百八十/イィワン ウゥチエン サンバイ バァシー/yíwàn wǔqiān sānbǎi bāshí

101、5001、10001のような、間の位が"0"の数字は、"0"の数に関係なく、"零"を1つ入れて発音します。また、3けた以上の数字で下2けたが"10"の場合、"十"（シー/shí）ではなく"一十"（イィシー/yishí）と言います。

101円　　101日元（一百零一日元）イィバイ リィン イィ リーユエン/yìbǎi líng yī Rìyuán

210円　　210日元（二百一十日元）アルバイ イィシー リーユエン/リアンバイ イィシー リーユエン/èrbǎi yìshí Rìyuán /liǎngbǎi yìshí Rìyuán

5,001円　5001日元（五千零一日元）ウゥチエン リィン イィ リーユエン/wǔqiān líng yī Rìyuán

2,010円　2010日元（两千零一十日元）リアンチエン リィン イィシー リーユエン/liǎngqiān líng yìshí Rìyuán

20,000円　20000日元（两万日元）リアンワン リーユエン/liǎngwàn Rìyuán

"2"の発音には、上記のように"èr"（アル）と"liǎng"（リアン）があり、"200"の場合はどちらの発音でも大丈夫です。千、万と億の位で、間にはさまれた"2"は"二/アル/èr"と発音するのが普通ですが、"2"から始まる数字は"两/リアン/liǎng"と言うのが一般的です。

「%（パーセント）」は"百分之〜"（バイ フェン ヂー 〜/bǎi fēn zhī〜）と言います。例えば、「消費税は8％です」なら、"消费税是8％（百分之八）"（シアオフェイシュイ シー バイ フェン ヂー バァ/xiāofèishuì shì bǎi fēn zhī bā）になります。

金額を正確に伝えるのは大事ですので、口頭で正しく発音する自信がない場合は、紙に書いたり、電卓の数字を見せるのもよいでしょう。

会計2 支払い方法

MP3 032

お会計はご一緒ですか？ 別々ですか？

ヤオ　イィチィ　フゥクワン，ハイシ　　フェンカイ　フゥ　ナ?

要　一起　付款，还是　分开　付　呢?

Yào yìqǐ fùkuǎn, háishi fēnkāi fù ne?

「(ホテルの)部屋付けにしますか？」なら、"您要挂房账一起结算吗?/ニン
ヤオ　グワ　ファアンヂャァン　イィチィ　ジエスワン　マ？/Nín yào guà
fángzhàng yìqǐ jiésuàn ma?" です。

お会計は現金ですか？ カードですか？

ニン　　シー　　フゥ　　シエンジン，ハイシ　　　シュワカァ?

您　是　付　现金，还是　刷卡?

Nín shì fù xiànjīn, háishi shuākǎ?

お支払い方法は現金のみとなっております。

ウオメン　　ヂョァリ　　ヂー　　ショウ　シエンジン.

我们　这里　只　收　现金。

Wǒmen zhèli zhǐ shōu xiànjīn.

円でお支払いになりますか？ 米ドルですか？

フゥ　　リーユエン　ハイシ　　メイユエン　ナ?

付　日元　还是　美元　呢?

Fù Rìyuán háishi Měiyuán ne?

円は"日元/リーユエン/Rìyuán"、人民元は"人民币/ロェンミンビィ/
Rénmínbì"、米ドルは"美元/メイユエン/Měiyuán"です。"汇率/ホゥイ
リュィ/huìlǜ"(為替レート)も一緒に覚えておくと便利でしょう。

人民元はお使いいただけません。日本円とクレジットカードのみ使えます。

ヂョアリ　ヂー　ネゥン　フゥ　リーユアン　ホゥオ　シュワカァ,
这里 只 能 付 日元 或 刷卡,

ロェンミンビィ　ブゥ　ネゥン　ヨン.
人民币 不 能 用。

Zhèli zhǐ néng fù Rìyuán huò shuākǎ, Rénmínbì bù néng yòng.

日本円、ドル、カードの併用払いができます。

クァ　トォンシー　シーヨン　リーユエン、メイユエン　イィジィ
可 同时 使用 日元、美元 以及

シンヨンカァ　ヂーフゥ.
信用卡 支付。

Kě tóngshí shǐyòng Rìyuán、Měiyuán yǐjí xìnyòngkǎ zhīfù.

お釣りは日本円になります。

ヂャオ　ゲイ　ニン　ダ　リィンチエン　シー　リーユエン.
找 给 您 的 零钱 是 日元。

Zhǎo gěi nín de língqián shì Rìyuán.

電子マネーは扱っておりません。

ウオメン　ブゥ　ショウ　ディエンズー　ホゥオビィ.
我们 不 收 电子 货币。

Wǒmen bù shōu diànzǐ huòbì.

会計3　お金を受け取る・渡す

10,000円お預かりします。

ショウ　ニン　イィワン　　　リーユエン.
收　您　10000　日元。
Shōu nín yíwàn Rìyuán.

 何も言わずに片手でお金を受け取っても失礼ではありませんが、このように言って両手で受け取ることで丁寧さを演出できるでしょう。

4,550円のお返しになります。

チャオ　ニン　　スーチエン ウゥバイ ウゥシー　リーユエン.
找　您　4550　　　　日元。
Zhǎo nín sìqiānwǔbǎiwǔshí Rìyuán.

大きい方(紙幣)から4,000円のお返しです。そして、残り550円のお返しです。

シエン　ゲイ　　ニン　　スーチエン　リーユエン　デービィ,
先　给　您　4000　日元　纸币,

ロァンホウ　シー　　ウゥバイウゥシー　リーユエン　イィンビィ.
然后　是　550　　　日元　硬币。

Xiān gěi nín sìqiān Rìyuán zhǐbì, ránhòu shì wǔbǎiwǔshí Rìyuán yìngbì.

 お釣りを返す時、お札も硬貨も一度に渡す国が多いので、こうすることで丁寧な印象を与えることができます。

(数えながら)千、2千、3千、4千円、そして残り550円のお返しです。

<small>ヂャオ　ニン　　イィチエン、リアンチエン、サンチエン、スーチエン　　リーユエン、</small>
找　您　1000、2000、3000、4000　日元，

<small>ロァンホウ　シー　　ウゥバイウゥシー　リーユエン.</small>
然后　是　550　　　日元。

Zhǎo nín yìqiān、liǎngqiān、sānqiān、sìqiān Rìyuán, ránhòu shì
wǔbǎiwǔshí Rìyuán.

 お釣りの返し方のバリエーションの1つ。お札を1枚ずつ数えていくやり方
は間違いが起きにくいので、中国語で会計をする場合にお薦めです。

お釣りです。

<small>ヂョァ　シー　ヂャオ　ニン　　ダ　　チエン.</small>
这　是　找　您　的　钱。
Zhè shì zhǎo nín de qián.

ちょうど頂きます。

<small>ニン　　ダ　　チエン　ヂョンハオ.</small>
您　的　钱　正好。
Nín de qián zhènghǎo.

 お客様から請求額ぴったりの金額を受け取った時に言う表現。"正好／ヂョ
ンハオ／zhènghǎo"は「ぴったり合っている」という意味です。

100円多いです。

<small>ドゥオ　イィバイ　　リーユエン.</small>
多　100　日元。
Duō yìbǎi Rìyuán.

あと100円足りません。

<small>ハイ　　チャア　イィバイ　　リーユエン.</small>
还　差　100　日元。
Hái chà yìbǎi Rìyuán.

細かいお金はございますか？

ニン　ヨウ　リィンチエン　マ?
您 有 零钱 吗?
Nín yǒu língqián ma?

小銭をお取りしましょうか？

ウオ　バァン　ニン　バァ　リィンチエン　ナァチュライ　バ?
我 帮 您 把 零钱 拿出来 吧?
Wǒ bāng nín bǎ língqián náchulai ba?

 日本の硬貨に不慣れでついついお札を出してしまうお客様もいます。小銭を出しあぐねていらっしゃる方には、こう声をお掛けすると親切です。

お釣りが小銭ばかりですみません。

ヂャオ　ニン　ダ　ドウ　シー　リィンチエン，チェン　ドゥイブチィ.
找 您 的 都 是 零钱， 真 对不起。
Zhǎo nín de dōu shì língqián, zhēn duìbuqǐ.

 中国でこのように謝ることは少ないですが、お客様に細やかな心遣いを示すことができるかもしれません。

すみません、今お釣りが切れています。

シーヅァイ　バオチエン，シエンヅァイ　メイヨウ　リィンチエン.
实在 抱歉， 现在 没有 零钱。
Shízài bàoqiàn, xiànzài méiyǒu língqián.

クレジットカード

VisaとMasterがご利用いただけます。

<ruby>这<rt>ヂョァリ</rt></ruby>里 <ruby>可以<rt>クァイィ</rt></ruby> <ruby>使用<rt>シーヨン</rt></ruby> <ruby>维萨卡<rt>ウェイサァカァ</rt></ruby> <ruby>和<rt>ホァ</rt></ruby> <ruby>万事达卡<rt>ワンシーダァカァ</rt></ruby>.

这里 可以 使用 维萨卡 和 万事达卡。

Zhèli kěyǐ shǐyòng Wéisàkǎ hé Wànshìdákǎ.

ご一括払いでよろしいですか？

<ruby>一<rt>イィ</rt></ruby> <ruby>次<rt>ツー</rt></ruby> <ruby>性<rt>シィン</rt></ruby> <ruby>付清<rt>フゥチィン</rt></ruby> <ruby>可以<rt>クァイィ</rt></ruby> <ruby>吗<rt>マ</rt></ruby>?

一 次 性 付清 可以 吗?

Yí cì xìng fùqīng kěyǐ ma?

 中国ではお客様は一括払いのつもりで購入することがほとんどです（分割払いは、店舗で会計時に指定するのではなく、カード会社との取り決めになっている場合もあります）。日常の会計では、何も聞かず一括払いで処理して実務上問題ないでしょう。

クレジットカードはご一括払いのみです。

<ruby>使用<rt>シーヨン</rt></ruby> <ruby>信用卡<rt>シンヨンカァ</rt></ruby> <ruby>支付<rt>ヂーフゥ</rt></ruby> <ruby>只<rt>ヂー</rt></ruby> <ruby>能<rt>ネゥン</rt></ruby> <ruby>一<rt>イィ</rt></ruby> <ruby>次<rt>ツー</rt></ruby> <ruby>性<rt>シィン</rt></ruby>

使用 信用卡 支付 只 能 一 次 性

<ruby>支付<rt>ヂーフゥ</rt></ruby>.

支付。

Shǐyòng xìnyòngkǎ zhīfù zhǐ néng yí cì xìng zhīfù.

分割払いになさいますか？

<ruby>您<rt>ニン</rt></ruby> <ruby>选择<rt>シュエンヅァ</rt></ruby> <ruby>分期<rt>フェンチィ</rt></ruby> <ruby>付款<rt>フゥクワン</rt></ruby> <ruby>吗<rt>マ</rt></ruby>?

您 选择 分期 付款 吗?

Nín xuǎnzé fēnqī fùkuǎn ma?

 高額商品をご購入のお客様にはこう聞いても構いません。分割払いを希望のお客様は"分3期付/フェン サン チィ フゥ/fēn sān qī fù)"（3回払いでお願いします）などと答えます。

お買い上げ3,000円未満ですので、サインはご不要です。

シアオフェイ　ジンウァ　　ブゥヅゥ　　サンチエン　　リーユエン，

消费　　金额　不足　3000　日元，

ブゥ　ヨン　　チエンミィン．

不　用　签名。

Xiāofèi jīn'é bùzú sānqiān Rìyuán, bú yòng qiānmíng.

**クレジットカードは、1,000円未満のご購入にはご利用
いただけません。**

シアオフェイ　ジンウァ　　ブゥ　マン　　イィチエン　　リーユエン，

消费　　金额　不　满　1000　日元，

ブゥ　ネゥン　シュワ　シンヨンカァ．

不　能　刷　信用卡。

Xiāofèi jīn'é bù mǎn yìqiān Rìyuán, bù néng shuā xìnyòngkǎ.

手数料は掛かりません。

ブゥ　ショウ　ショウシュィフェイ．

不　收　手续费。

Bù shōu shǒuxùfèi.

こちらにカードを通して／入れてください。

チィン　ヅァイ　ヂョァリ　シュワカァ／

请　在　这里　刷卡／

チィン　バァ　カァ　チャアジン　ヂョァリ．

请　把　卡　插进　这里。

Qǐng zài zhèli shuākǎ/qǐng bǎ kǎ chājìn zhèli.

暗証番号を入力してください。

チィン　シュウロゥ　ミィマァ.

请　输入　密码。

Qǐng shūrù mìmǎ.

 入力し終わった後の「Enterボタンを押してください」は、"请按回车键／チィン　ン　アン　ホゥイチョアジエン／qǐng àn huíchējiàn"です。

こちらにサインをお願いします。

チィン　ニン　ヅァイ　ヂョァリ　チエンミィン.

请　您　在　这里　签名。

Qǐng nín zài zhèli qiānmíng.

すみません、こちらの会社のクレジットカードは使えません。

ヘン　バオチエン，ベンディエン　ブゥ　ネゥン　シーヨン　ヂェイ　ジア

很　抱歉，本店　不　能　使用　这　家

ゴォンスー　ダ　シンヨンカァ.

公司　的　信用卡。

Hěn bàoqiàn, běndiàn bù néng shǐyòng zhèi jiā gōngsī de xìnyòngkǎ.

⚠ 自国で使えるカードがなぜここで使えないのか、いぶかしがるお客様もいらっしゃいます。できれば理由と併せて、申し訳なさそうに伝えた方がよいでしょう。

こちらのカードは、磁気不良で使用できません。

ヂェイ　ヂャアン　カァ　イン　ツーティアオ　ショウスン　ブゥ　ネゥン　ヨン.

这　张　卡　因　磁条　受损　不　能　用。

Zhèi zhāng kǎ yīn cítiáo shòusǔn bù néng yòng.

こちらのカードは、期限切れで使用できません。

ヂェイ　ヂャアン　カァ　イィ　グゥオチィラ，ブゥ　ネゥン　ヨン.

这　张　卡　已　过期了，不　能　用。

Zhèi zhāng kǎ yǐ guòqīle, bù néng yòng.

こちらのカードは、限度額オーバーで使用できません。

シアオフェイ ウァ チャオチュウラ デェイ デャァン カァ ダ
消費 額 超出了 这 张 卡 的
シンヨン ウァドゥ, ブゥ ネゥン シュワカァ.
信用 额度，不 能 刷卡。
Xiāofèi é chāochūle zhèi zhāng kǎ de xìnyòng édù, bù néng shuākǎ.

他のカードはお持ちですか？

ニン ハイ ヨウ チィタァ シンヨンカァ マ？
您 还 有 其他 信用卡 吗?
Nín hái yǒu qítā xìnyòngkǎ ma?

カード会社に確認なさいますか？

ニン シュィヤオ ゲン シンヨンカァ ゴォンスー チュエロェン
您 需要 跟 信用卡 公司 确认
イィシア マ？
一下 吗?
Nín xūyào gēn xìnyòngkǎ gōngsī quèrèn yíxià ma?

 こう言ってカード会社に電話をし、オペレーターとの通話はお客様にお任せするとよいでしょう。

ポイントカードはお持ちですか？

ニン　ヨウ　ジィフェンカァ　マ？

您　有　积分卡　吗?

Nín yǒu jīfēnkǎ ma?

ポイントカードをお作りしましょうか？

シュィヤオ　ゲイ　ニン　バン　イィ　ヂャァン　ジィフェンカァ　マ？

需要　给　您　办　一　张　积分卡　吗?

Xūyào gěi nín bàn yì zhāng jīfēnkǎ ma?

この用紙に必要事項をご記入いただけますか？

チィン　ニン　ティエン　イィシア　ヂェイ　ヂャァン　ビアオグァ.

请　您　填　一下　这　张　表格。

Qǐng nín tián yíxià zhèi zhāng biǎogé.

有効期限はありません。

メイヨウ　ヨウシアオチィ.

没有　有效期。

Méiyǒu yǒuxiàoqī.

入会金・年会費は無料です。

ブゥ　ショウ　ロゥホゥイフェイ　ホァ　ニエンフェイ.

不　收　入会费　和　年费。

Bù shōu rùhuìfèi hé niánfèi.

ポイントをお使いになりますか？　現在、50ポイントございます。

シエンヅァイ　カァ　シャァン　ヨウ　ウゥシー　ガ　　ジィフェン,
現在　　卡　上　　有　50　个　积分,

ニン　ヤオ　シーヨン　マ?
您　要　使用　吗?

Xiànzài kǎ shang yǒu wǔshí ge jīfēn, nín yào shǐyòng ma?

切手・ハガキのご購入はポイント加算対象外です。

ゴウマイ　ヨウピアオ　ホァ　ミィンシンピエン　シー　ブゥ　ジア　ジィフェン.
购买　　邮票　　和　明信片　　时　不　加　积分。

Gòumǎi yóupiào hé míngxìnpiàn shí bù jiā jīfēn.

100円お買い上げごとに1つスタンプを押します。

メイ　シアオフェイ　イィバイ　リーユエン　ジィ　クァ　ガイ
每　消费　100　日元　即　可　盖

イィ　ガ　　ヂャァン.
一　个　章。

Měi xiāofèi yìbǎi Rìyuán jí kě gài yí ge zhāng.

 「1ポイントが貯まります」は"能积1分/ネゥン　ジィ　イィ　フェン/néng jī yì fēn"です。

スタンプが30個貯まると1,000円分無料となります。

ジィチィ　サンシー　ガ　　インヂャァン　クァ　ヅゥオウェイ
集齐　30　个　印章　　可　作为

イィチエン　リーユエン　シーヨン.
1000　日元　使用。

Jíqí sānshí ge yìnzhāng kě zuòwéi yìqiān Rìyuán shǐyòng.

カードのご提示で5%引きになります。

ゴウウゥ　シー　チュウシー　ホゥイユエンカァ　ダァ　ジウウゥ　ヂョァ.
购物　时　出示　会员卡　打　九五　折。

Gòuwù shí chūshì huìyuánkǎ dǎ jiǔwǔ zhé.

会計6 レシート・領収書を発行する

レシート（領収書）はご入り用ですか？

ニン　ヤオ　ゴウウゥ　シアオピアオ　マ？
您 要 购物 小票 吗?
Nín yào gòuwù xiǎopiào ma?

购物小票／ゴウウゥ　シアオピアオ／gòuwù xiǎopiào"はレジから出てくる「レシート」で、手書きの「領収書」は"发票／ファアピアオ／fāpiào"と言います。レシートが領収書代わりに使える場合、"这个可以做发票／チェイガ　クァイイィ　ヅゥオ　ファアピアオ／zhèige kěyǐ zuò fāpiào"と伝えましょう。

お宛名はいかがなさいますか？

ファアピアオ　タイトウ　シエ　シェンマ　ナ？
发票 抬头 写 什么 呢?
Fāpiào táitóu xiě shénme ne?

「ただし書きはどういたしますか」は、"发票内容写什么呢？／ファアピアオ　ネイロォン　シエ　シェンマ　ナ？／Fāpiào nèiróng xiě shénme ne?"ですが、買ったものを具体的に書くことが求められます。

カードとレシートのお返しです。

ヂョァ　シー　ニン　ダ　カァ　ホァ　ゴウウゥ　シアオピアオ．
这 是 您 的 卡 和 购物 小票。
Zhè shì nín de kǎ hé gòuwù xiǎopiào.

お客様控えです。

ヂョァ　シー　ニン　ダ　フゥクワン　ピィンヂョン．
这 是 您 的 付款 凭证。
Zhè shì nín de fùkuǎn píngzhèng.

電話応対をする

MP3 037

担当者におつなぎいたします。

ウオ　バァン　ニン　デュワンジエ　デュウグワン　ロェンユエン.
我　帮　您　转接　主管　人员。
Wǒ bāng nín zhuǎnjiē zhǔguǎn rényuán.

担当者は不在にしております。

デュウグワン　ロェンユエン　シエンヅァイ　ブゥ　ヅァイ.
主管　人员　现在　不　在。
Zhǔguǎn rényuán xiànzài bú zài.

お名前とお電話番号をお伺いできますか？

ネゥン　ガオス　ウオ　ニン　ダ　ミィンヅ　ホァ　ディエンホワ
能　告诉　我　您　的　名字　和　电话
ハオマァ　マ?
号码　吗?
Néng gàosu wǒ nín de míngzi hé diànhuà hàomǎ ma?

すみません、お電話が遠いようです。

ドゥイブチィ,　ニン　ダ　ディエンホワ　ヨウディアル　ティンブチンチュ.
对不起，您　的　电话　有点儿　听不清楚。
Duìbuqǐ, nín de diànhuà yǒudiǎnr tīngbuqīngchu.

ペンとメモのご用意をお願いします。

チィン　ニン　デュンベイハオ　ビィ　ホァ　ヂー.
请　您　准备好　笔　和　纸。
Qǐng nín zhǔnbèihǎo bǐ hé zhǐ.

確認して、後でお電話いたします。

ウオ　チャア　イ　チャア　ホウ　ヅァイ　ゲイ　ニン　ホゥイ　ディエンホワ.
我　查　一　查　后　再　给　您　回　电话。
Wǒ chá yi chá hòu zài gěi nín huí diànhuà.

お客様を見送る

（お支払いを済ませたお客様に）ありがとうございました。

シエシエ　ニン!
谢谢　您!
Xièxie nín!

またのお越しをお待ちしております。

ホワンイィン　ニン　ヅァイライ.
欢迎　您　再来。
Huānyíng nín zàilái.

 来店客が帰る際、店員に"谢谢/シエシエ/xièxie" と言うことがあります。
これに対して"欢迎您再来。"と言うと、好感を持たれます。

お気を付けて。

チィン　マン　ヅォウ.
请　慢　走。
Qǐng màn zǒu.

 直訳は「焦らずにお帰りください」。"您走好/ニン　ヅォウハオ/nín zǒuhǎo"
と言っても構いません。

出口までご案内します。

ウォ　ソォン　ニン　ダオ　メンコウ.
我　送　您　到　门口。
Wǒ sòng nín dào ménkǒu.

お忘れ物はございませんか？

ニン　ダ　ドォンシ　ドウ　ナァラ　マ?
您　的　东西　都　拿了　吗?
Nín de dōngxi dōu nále ma?

(店を離れるのを呼び止めて)お客様!

ドゥイブチィ, ニン デゥン イィシア!
対不起, 您 等 一下!
Duìbuqǐ, nín děng yíxià!

👉 「客」は"顾客/グゥクァ/gùkè"ですが、お客様本人への呼びかけには使いません。"对不起/ドゥイブチィ/duìbuqǐ"の後に、"先生/シエンション/xiānsheng"(男性に対して)、"女士/ニュィシー/nǚshì"(女性に対して)を付けてもよいでしょう。

こちらの傘はお客様のものではございませんか?

ヂョァ バァ サン シー ニン ダ マ?
这 把 伞 是 您 的 吗?
Zhè bǎ sǎn shì nín de ma?

タクシーをお呼びいたしましょうか?

シュイヤオ ジアオ チュウヅゥチョァ マ?
需要 叫 出租车 吗?
Xūyào jiào chūzūchē ma?

楽しい1日をお過ごしください。

デュゥ ニン ジンティエン ユィクワイ!
祝 您 今天 愉快!
Zhù nín jīntiān yúkuài!

👉 "今天/ジンティエン"の部分は省略可。この部分を、時間帯によって"下午/シアウゥ/xiàwǔ"(午後)、"晚上/ワンシャァン/wǎnshang"(夜)などに言い換えることもできます。

今後ともよろしくお願いします。

ホワンイィン ニン チャァン ライ.
欢迎 您 常 来。
Huānyíng nín cháng lái.

どこに置き忘れたか、覚えていらっしゃいますか？

ニン　ジィダ　ワァンヅァイ　ナアル　ラ　マ？
您 记得 忘在 哪儿 了 吗?
Nín jìde wàngzài nǎr le ma?

どのようなものですか？

シー　イィ　ガ　シェンマヤン　ダ　ドォンシ　ナ？
是 一 个 什么样 的 东西 呢?
Shì yí ge shénmeyàng de dōngxi ne?

 「色」「大きさ」などを詳しく答えてもらいたい時に使いましょう。

そういったものはこちらには届いておりません。

ウオメン　ヂョァリ　メイヨウ　ショウダオグゥオ　レイスー　ダ　ドォンシ.
我们 这里 没有 收到过 类似 的 东西。
Wǒmen zhèli méiyǒu shōudàoguo lèisì de dōngxi.

お電話番号とご住所を教えていただけますか？

ネゥン　ガオス　ウオ　ニン　ダ　ディエンホワ　ホァ　ヂュウヂー　マ？
能 告诉 我 您 的 电话 和 住址 吗?
Néng gàosu wǒ nín de diànhuà hé zhùzhǐ ma?

 "电话和住址/ディエンホワ　ホァ　ヂュウヂー"の代わりに"联系方式/リエンシィ　ファアンシー/liánxì fāngshì"（連絡先）と言っても構いません。

見つかり次第ご連絡いたします。

ヂャオダオ　ホウ　ウオメン　ホゥイ　リィクァ　トォンヂー　ニン.
找到　后　我们　会　立刻　通知　您。
Zhǎodào hòu wǒmen huì lìkè tōngzhī nín.

お届けがあります。

ヨウ　ロェン　ジエンダオ　ホウ　ソォンダオラ　ウオメン　ヂョァリ.
有　人　捡到　后　送到了　我们　这里。
Yǒu rén jiǎndào hòu sòngdàole wǒmen zhèli.

こちらでしょうか？

シー　ヂェイガ　マ?
是　这个　吗?
Shì zhèige ma?

パスポートをお見せいただけますか？

ネゥン　カン　イィシア　ニン　ダ　ホゥヂャオ　マ?
能　看　一下　您　的　护照　吗?
Néng kàn yíxià nín de hùzhào ma?

ご本人確認のため、お名前を教えていただけますか？

ウェイラ　ホァシー　シー　フォウ　シー　ベンロェン,
为了　核实　是　否　是　本人，

チィン　ガオス　ウオ　ニン　ダ　ミィンヅ.
请　告诉　我　您　的　名字。
Wèile héshí shì fǒu shì běnrén, qǐng gàosu wǒ nín de míngzi.

営業時間は午前10時から午後8時30分です。

ウオメン　ダ　イィンイエ　シージエン　シー
我们 的 营业 时间 是

ツォン　シャァンウゥ　シー　ディエン　ダオ　ワンシャァン　バァ　ディエン　バン.
从 上午 10 点 到 晚上 8 点 半。

Wǒmen de yíngyè shíjiān shì cóng shàngwǔ shí diǎn dào wǎnshang bā diǎn bàn.

土曜は午後8時まで、日曜は午後9時まで営業しております。

シィンチィリウ　イィンイエ　ヂー　ワンシャァン　バァ　ディエン,
星期六 营业 至 晚上 8 点,

シィンチィティエン　イィンイエ　ヂー　ワンシャァン　ジウ　ディエン.
星期天 营业 至 晚上 9 点。

Xīngqīliù yíngyè zhì wǎnshang bā diǎn, xīngqītiān yíngyè zhì wǎnshang jiǔ diǎn.

ご入店は午後10時までとさせていただいております。

ベンディエン　ワンシャァン　シー　ディエン　イィホウ　ティンヂー　イィンクァ.
本店 晚上 10 点 以后 停止 迎客。

Běndiàn wǎnshang shí diǎn yǐhòu tíngzhǐ yíngkè.

24時間営業です。

ウオメン　シー　アルシスー　シアオシー　イィンイエ.
我们 是 二十四 小时 营业。

Wǒmen shì èrshisì xiǎoshí yíngyè.

年中無休です (毎日営業)。

ベンディエン　チュエン　ニエン　ウゥ　シウ.
本店 全 年 无 休。

Běndiàn quán nián wú xiū.

定休日は日曜日と祝祭日です。

シィンチィティエン　ホァ　　ジエジアリー　シウシ.
星期天　和　节假日　休息。
Xīngqītiān hé jiéjiàrì xiūxi.

定休日は毎月第4月曜日です。

メイユエ　ダ　ディー　スー　ガ　シィンチィイィ　シウシ.
每月　的　第　四　个　星期一　休息。
Měiyuè de dì sì ge xīngqīyī xiūxi.

今月は15日以外、休まず営業しております。

ベンユエ　チュウラ　シーウゥ　ハオ　イィワイ　ドゥ　イィンイエ.
本月　除了　15　号　以外　都　营业。
Běnyuè chúle shíwǔ hào yǐwài dōu yíngyè.

 「◎月▼日」という日にちを表すとき、「日」は話し言葉では"号"、書き言葉では"日"を使うのが一般的です。

12月31日から1月3日まで休業しております。

シーアルユエ　サンシイィ　ハオ　ダオ　イィユエ　サン　ハオ　シウシ.
12月　31　号　到　1月　3　号　休息。
Shíèryuè sānshiyī hào dào yīyuè sān hào xiūxi.

● 1月	1月	イィユエ	yīyuè
● 2月	2月	アルユエ	èryuè
● 3月	3月	サンユエ	sānyuè
● 4月	4月	スーユエ	sìyuè
● 5月	5月	ウゥユエ	wǔyuè
● 6月	6月	リウユエ	liùyuè
● 7月	7月	チィユエ	qīyuè
● 8月	8月	バァユエ	bāyuè
● 9月	9月	ジウユエ	jiǔyuè
● 10月	10月	シーユエ	shíyuè
● 11月	11月	シーイィユエ	shíyīyuè
● 12月	12月	シーアルユエ	shí'èryuè
● 1日	1号	イィ ハオ	yī hào
● 2日	2号	アル ハオ	èr hào
● 3日	3号	サン ハオ	sān hào
● 4日	4号	スー ハオ	sì hào
● 5日	5号	ウゥ ハオ	wǔ hào
● 6日	6号	リウ ハオ	liù hào
● 7日	7号	チィ ハオ	qī hào
● 8日	8号	バァ ハオ	bā hào
● 9日	9号	ジウ ハオ	jiǔ hào
● 10日	10号	シー ハオ	shí hào
● 11日	11号	シーイィ ハオ	shíyī hào
● 12日	12号	シーアル ハオ	shí'èr hào
● 13日	13号	シーサン ハオ	shísān hào
● 14日	14号	シースー ハオ	shísì hào
● 15日	15号	シーウゥ ハオ	shíwǔ hào
● 16日	16号	シーリウ ハオ	shíliù hào

● 17日	17号	シーチィ　ハオ	shíqī hào
● 18日	18号	シーバァ　ハオ	shíbā hào
● 19日	19号	シージウ　ハオ	shíjiǔ hào
● 20日	20号	アルシー　ハオ	èrshí hào
● 21日	21号	アルシイィ　ハオ	èrshiyī hào
〳〵	〳〵		
● 30日	30号	サンシー　ハオ	sānshí hào
● 31日	31号	サンシイィ　ハオ	sānshiyī hào
● 月曜日	星期一	シィンチィイィ	xīngqīyī
● 火曜日	星期二	シィンチィアル	xīngqī'èr
● 水曜日	星期三	シィンチィサン	xīngqīsān
● 木曜日	星期四	シィンチィスー	xīngqīsì
● 金曜日	星期五	シィンチィウゥ	xīngqīwǔ
● 土曜日	星期六	シィンチィリウ	xīngqīliù
● 日曜日	星期天	シィンチィティエン	xīngqītiān

第2章

お客様の心をつかむ
飲食業のフレーズ

カフェ、レストラン、居酒屋など、飲食店での接客に使える表現です。
食材や食べ方について伝えるのはもちろん、店や注文のシステムも説明できるように覚えていきましょう。

来店したお客様に

何名様ですか？

チィン　ウェン　イィゴォン　ジィ　ウェイ？

请 问 一共 几 位?

Qǐng wèn yígòng jǐ wèi?

"两个人/リアン　ガ　ロェン/liǎng ge rén"(2人です)、"三个人/サン　ガ ロェン/sān ge rén"(3人です)、"两个大人、两个孩子/リアン　ガ　ダァロェ ン、リアン　ガ　ハイヅ/liǎng ge dàrén, liǎng ge háizi"(大人2人、子供2 人です)、"请安排一张可坐5人的餐桌/チィン　アンパイ　イィ　ヂャァン クァ　ヅゥオ　ウゥ　ロェン　ダ　ツァンヂュオ/qǐng ānpái yì zhāng kě zuò wǔ rén de cānzhuō"(5人用のテーブルをお願いします)といった回答が 想定されます。

ただ今お席の準備をいたします。

ウオメン　マァシャァン　ウェイ　ニン　アンパイ　ヅゥオウェイ.

我们 马上 为 您 安排 座位。

Wǒmen mǎshàng wèi nín ānpái zuòwèi.

テーブル席とカウンター席のどちらがよろしいですか？

ニン　ヅゥオ　ツァンヂュオ　ハイシ　バァタイ　ダ　ヅゥオウェイ　ナ？

您 坐 餐桌 还是 吧台 的 座位 呢?

Nín zuò cānzhuō háishi bātái de zuòwèi ne?

見えるところにあれば、手で指し示しながら言いましょう。「座敷席」は、"榻 榻米座位/タァタァミィ　ヅゥオウェイ/tàtàmǐ zuòwèi"です。

コートをお預かりしましょうか？

ウオ　バァ　ニン　ダ　ダァイィ　グワチライ　バ？

我 把 您 的 大衣 挂起来 吧?

Wǒ bǎ nín de dàyī guàqilai ba?

"大衣"(コート)の部分は、状況に応じて"伞"(サン/sǎn＝傘)、"包"(バオ/ bāo＝かばん)、"行李"(シィンリ/xíngli＝荷物)などに置き換えて使いましょう。

ご予約はされていますか？

チィン ウェン ニン ヨウ ュィディン マ?
请 问 您 有 预订 吗?
Qǐng wèn nín yǒu yùdìng ma?

ご予約のお名前をお伺いできますか？

チィン ニン ガオス ウオ ュィディン ロェン ダ シィンミィン.
请 您 告诉 我 预订 人 的 姓名。
Qǐng nín gàosu wǒ yùdìng rén de xìngmíng.

本日は予約のお客様でいっぱいです。

ジンティエン ダ ヅゥオウェイ ドウ ディンマン ラ.
今天 的 座位 都 订满 了。
Jīntiān de zuòwèi dōu dìngmǎn le.

2時間制ですが、よろしいですか？

ヨンツァン シージエン シエンヂー ウェイ リアン ガ シアオシー,
用餐 时间 限制 为 两 个 小时,
ファイィ マ?
可以 吗?
Yòngcān shíjiān xiànzhì wéi liǎng ge xiǎoshí, kěyǐ ma?

午後11時で閉店ですがよろしいですか？

ウオメン ワンシャァン シーイィ ディエン グワンメン, メイ ウェンティー バ?
我们 晚上 11 点 关门, 没 问题 吧?
Wǒmen wǎnshang shíyī diǎn guānmén, méi wèntí ba?

閉店が近くなって駆け込みでいらっしゃるお客様には、閉店までの時間をお伝えしておくと、万一のトラブルを避けられます。

本日の営業時間は終了しました。

ジンティエン ダ イィンイエ シージエン イィジィン ジエシュウラ.
今天 的 营业 时间 已经 结束了。
Jīntiān de yíngyè shíjiān yǐjing jiéshùle.

席に案内する

MP3 043

お好きなお席へどうぞ。

ニン　チィン　スゥイビエン　ヅゥオ.
您　请　随便　坐。
Nín qǐng suíbiàn zuò.

奥のお席にどうぞ。

チィン　ニン　ダオ　リィビエン　ヅゥオ.
请　您　到　里边　坐。
Qǐng nín dào lǐbian zuò.

「手前の」なら"前面/チエンミエン/qiánmian"、「窓際の」は"靠窗的/カオ
チュアン　ダ/kào chuāng de"、「カウンターの」は"バァタイ/吧台/bātái"と
言い換えてください。

お席は別れても大丈夫ですか？

ヅゥオウェイ　ブゥ　ヅァイ　イィチィ,　クァイイ　マ?
座位　不　在　一起,　可以　吗?
Zuòwèi bú zài yìqǐ, kěyǐ ma?

相席になりますが、よろしいですか？

ニン　クァイイ　ゲン　チィタァ　ロェン　ピンヂュオ　マ?
您　可以　跟　其他　人　拼桌　吗?
Nín kěyǐ gēn qítā rén pīnzhuō ma?

中国でも混雑時は相席をお願いするのが普通です。相席OKの場合は、"可以/
クァイイ/kěyǐ""没问题/メイ　ウェンティー/méi wèntí"のような返事にな
ります。

カウンター席でもよろしいですか？

ニン　ヅゥオヅァイ　バァタイ　シィン　マ?

您　坐在　　吧台　行　吗?

Nín zuòzai bātái xíng ma?

混んできましたら、お席の移動のご協力をお願いします。

ヨンツァン　ガオフォン　シードワン,

用餐　高峰　時段，

チィン　ニン　ペイホァ　ウオメン　ティアオヂョン　ヅゥオウェイ.

请　您　配合　我们　调整　座位。

Yòngcān gāofēng shíduàn, qǐng nín pèihé wǒmen tiáozhěng zuòwèi.

こちらの席でよろしいですか？

ニン　ヅゥオヅァイ　ヂョァリ　クァイィ　マ?

您　坐在　　这里　可以　吗?

Nín zuòzai zhèli kěyǐ ma?

喫煙席と禁煙席、どちらがよろしいですか？

ニン　ヅゥオ　シィイエン　チュィ　ハイシ　ジンイエン　チュィ?

您　坐　吸烟　区　还是　禁烟　区?

Nín zuò xīyān qū háishi jìnyān qū?

 「ランチタイムは全席禁煙です」なら "午餐时间餐厅内禁烟/ウゥツァン　シー
ジエン　ツァンティン　ネイ　ジンイエン/wǔcān shíjiān cāntīng nèi
jìnyān" となります。

喫煙席しか空いておりません。

シエンヅァイ　ヂーヨウ　シィイエン　チュィ　ヨウ　ヅゥオウェイ.

现在　　只有　吸烟　区　有　座位。

Xiànzài zhǐyǒu xīyān qū yǒu zuòwèi.

 海外では、喫煙席自体のない飲食店が増えています。たばこの煙を気にする
お客様が多いことは念頭に置いて接客するとよいでしょう。

お履物はこちらでお脱ぎください。

チィン ヅァイ ヂョァリ トゥオ シエ.

请 在 这里 脱 鞋。

Qǐng zài zhèli tuō xié.

靴はこちらの靴箱にお入れください。

チィン バァ シエ ファアンジン ヂェイビエン ダ シエグゥイ リ.

请 把 鞋 放进 这边 的 鞋柜 里。

Qǐng bǎ xié fàngjìn zhèibian de xiéguì li.

(熱い)おしぼりでございます。

ヂョァ シー ロァ マオジン.

这 是 热 毛巾。

Zhè shì rè máojīn.

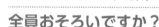 冷たいおしぼりの場合は、"热／ロァ／rè"を"冷／レゥン／lěng"に換えましょう。なお、日本以外では通常、食事前におしぼりを渡す習慣はありません。渡されてキョトンとされているお客様には"这是用来擦手的／ヂョァ シー ヨンライ ツァア ショウ ダ／zhè shì yònglai cā shǒu de"(これは手を拭くためのものです)と説明してください。

全員おそろいですか？

チィン ウェン ニィメン ドウ ダオチィラ マ?

请 问 你们 都 到齐了 吗?

Qǐng wèn nǐmen dōu dàoqíle ma?

❷ 飲食業

現在満席です。

シエンヴァイ　イィジィン　クァ　マン　ラ.
现在　已经　客　满　了。
Xiànzài yǐjīng kè mǎn le.

30分ほどお待ちいただくと思います。

クァネゥン　ヤオ　デゥン　サンシー　フェンヂォン　ヅゥオヨウ.
可能　要　等　三十　分钟　左右。
Kěnéng yào děng sānshí fēnzhōng zuǒyòu.

15分ぐらいでお席のご用意ができます。

ウオメン　シーウゥ　フェンヂォン　ヅゥオヨウ　ネゥン　ウェイ　ニン
我们　十五　分钟　左右　能　为　您

ヂュンベイハオ　ヅゥオウェイ.
准备好　座位。
Wǒmen shíwǔ fēnzhōng zuǒyòu néng wèi nín zhǔnbèihǎo zuòwèi.

待ち時間がどれくらいになるか、はっきりとは申し上げられません。

ヤオ　デゥン　ドゥオチャァン　シージエン,
要　等　多长　时间，

ウオ　ウゥファア　ゲイ　ニン　イィ　ガ　ミィンチュエ　ダ　ダァフゥ.
我　无法　给　您　一　个　明确　的　答复。
Yào děng duōcháng shíjiān, wǒ wúfǎ gěi nín yí ge míngquè de dáfù.

順番にご案内いたします。

アン　シュンシュィ　アンパイ　ロゥヅゥオ.
按　顺序　安排　入座。
Àn shùnxù ānpái rùzuò.

（「何番目ですか？」に対して）お客様は5番目です。

ニン パイヅァイ ディー ウゥ ウェイ.
您 排在 第 五 位。
Nín páizài dì wǔ wèi.

"我排在第几位?/ウオ パイヅァイ ディー ジィ ウェイ？/Wǒ páizài dì jǐ wèi?"（私は何番目ですか？）とお客様に聞かれた場合に、このように返答します。

こちらにお名前を書いてお待ちください。

チィン ヅァイ ヂョァリ シエシャァン ミィンヅ ホウ デゥンダイ.
请 在 这里 写上 名字 后 等待。
Qǐng zài zhèli xiěshàng míngzi hòu děngdài.

こちらに1列に並んでお待ちください。

チィン ニン ヅァイ ヂェイビエン パイチョン イィ ドゥイ デゥンホウ.
请 您 在 这边 排成 一 队 等候。
Qǐng nín zài zhèibian páichéng yí duì děnghòu.

メニューをご覧になってお待ちいただけますか？

チィン ニン ビエン カン ツァイダン ビエン ヅァイ ツー デゥンホウ バ.
请 您 边 看 菜单 边 在 此 等候 吧。
Qǐng nín biān kàn càidān biān zài cǐ děnghòu ba.

「申し訳ありませんが、中国語のメニューはございませんが、英語ならあります。」は、"对不起，我们没有中文菜单，有英文的。/ドゥイブチィ、ウオメン メイヨウ ヂョンウェン ツァイダン、ヨウ イィンウェン ダ/Duìbuqǐ, wǒmen méiyǒu Zhōngwén càidān, yǒu Yīngwén de."です。

ここでお待ちください。

チィン ヅァイ ツー デゥンホウ.
请 在 此 等候。
Qǐng zài cǐ děnghòu.

中国語のメニューを取ってまいりますので、お待ちください。

ウオ　チュイ　ナァ　ヂォンウェン　ツァイダン，チィン　ニン　シャオ　ホウ．

我　去　拿　中文　菜单，请　您　稍　候。

Wǒ qù ná Zhōngwén càidān, qǐng nín shāo hòu.

 日本に不慣れなお客様の場合、メニューの英訳を見ても、その料理がどういうものなのかピンとこないことが多々あります。和食については特に、写真を添えたメニューが喜ばれます。

3名でお待ちのコウ・メイ様、お待たせしました。

ガオミィン　シエンション　デゥン　サン　ウェイ　グゥクァ，

高明　先生　等　三　位　顾客，

ロァァン　グァウェイ　ジウ　デゥン　ラ．

让　各位　久　等　了。

Gāomíng xiānsheng děng sān wèi gùkè, ràng gèwèi jiǔ děng le.

お席の準備ができましたので、ご案内いたします。

ニン　ダ　ヅゥオウェイ　イィジィン　ヂュンベイハオ　ラ，　ヂェイビエン　チィン．

您　的　座位　已经　准备好　了，这边　请。

Nín de zuòwèi yǐjing zhǔnbèihǎo le, zhèibian qǐng.

予約の電話を受ける

お電話ありがとうございます、ABCレストラン新宿店です。フクオカヨウコが承ります。

ニン　ハオ！　ヂョアリ　シー　ABC　ツァンティン　シンスゥ　ディエン，
您 好! 这里 是 ABC 餐厅 新宿 店，

ウオ　シー　フゥガァン　ヤンヅー.
我 是 福冈 洋子。

Nín hǎo! Zhèli shì ABC cāntīng Xīnsù diàn, wǒ shì Fúgāng Yángzǐ.

 "ABC餐厅新宿店/ABC ツァンティン　シンスゥ　ディエン/ABC cāntīng Xīnsù diàn"と店の名前だけを言っても構いません。

ご予約はいつになさいますか？

チィン　ウェン　ニン　ユィユエ　シェンマ　シーホウ　ヨンツァン　ナ?
请 问 您 预约 什么 时候 用餐 呢?

Qǐng wèn nín yùyuē shénme shíhou yòngcān ne?

土日には予約を受け付けておりません。

ヂョウモォ　ブゥ　ジエショウ　ユィユエ.
周末 不 接受 预约。

Zhōumò bù jiēshòu yùyuē.

確認しますので少々お待ちください。

ウオ　チャア　イィシア，チィン　ニン　シャオ　デゥン.
我 查 一下, 请 您 稍 等。

Wǒ chá yíxià, qǐng nín shāo děng.

申し訳ありませんが、その時間は予約がいっぱいです。

シーヴァイ　バオチエン，ネイガ　シージエン　イィジィン　クァマン.
实在 抱歉, 那个 时间 已经 客满。

Shízài bàoqiàn, nèige shíjiān yǐjīng kèmǎn.

何名様でしょうか？

チィン　ウェン　イィゴォン　ヨウ　ジィ　ウェイ　ヨンツァン.
请 问 一共 有 几 位 用餐?

Qǐng wèn yígòng yǒu jǐ wèi yòngcān?

"几月几号、共几位? /ジィユエ　ジィ　ハオ、ゴォン　ジィ　ウェイ /jǐyuè jǐ hào、gòng jǐ wèi?"（何月何日に、何名様でしょうか？）と、日時までまとめて聞く言い方もあります。

❷ 飲食業

1月31日の午後8時から、5名様のご予約ですね。合っていますか？

ニン　ユィディン　ダ　シー　イィユエ　サンシイィ　ハオ　ワンシァァン
您 预订 的 是 1月 31 号 晚上

バァ　ディエン,　ウゥ　ウェイ　ヨンツァン,　ドゥイ　マ?
8 点、 5 位 用餐， 对 吗?

Nín yùdìng de shì yīyuè sānshiyī hào wǎnshang bā diǎn, wǔ wèi yòngcān, duì ma?

お名前とお電話番号をお伺いできますか？

ネゥン　ガオス　ウオ　ニン　ダ　ミィンヅ　ホァ　ディエンホワ
能 告诉 我 您 的 名字 和 电话

ハオマァ　マ?
号码 吗?

Néng gàosu wǒ nín de míngzi hé diànhuà hàomǎ ma?

"您的联系方式是?/ニン　ダ　リエンシィ　ファアンシー　シー/Nín de liánxì fāngshì shì?"（連絡方法を教えてください。）という聞き方もよく使います。

復唱します。

ウオ　チォンフゥ　イィ　ビエン.
我 重复 一 遍。

Wǒ chóngfù yí biàn.

これを言った後に、お客様の名前や電話番号を述べていきます。

それでは当日お待ちしております。

シエシエ!　チィダイ　ニン　ダ　グアンリン.
谢谢! 期待 您 的 光临。
Xièxie! Qīdài nín de guānglín.

 電話を切る時の「失礼いたします」は、"再见/ヅァイジエン/zàijiàn"の一言で失礼には当たりません。

 予約の電話 　　MP3 046

服务员：您好！这里是日本餐厅，很高兴为您服务。

顾客：我想预约用餐。

服务员：好的。请问要订什么时候、几位客人？

顾客：两个人，明天晚上7点。

服务员：**实在抱歉**，明晚7点已经订满了。

顾客：那晚上8点呢？

服务员：8点没问题，您要订**餐桌、吧台**还是榻榻米的座位呢？

顾客：订榻榻米座位。

服务员：本餐厅有**主厨特选套餐**，每位8000日元，要提前预订，您要不要品尝一下？

顾客：好的。

服务员：您对食物有什么偏好或者**过敏**吗？

顾客：我先生麸质过敏。

服务员：知道了，我们会准备无麸质餐品。那您呢？

顾客：我没有问题。

服务员：明天是什么特殊的日子吗？

顾客：噢，是我们的纪念日。

服务员：好的，那我们**免费**为您提供甜点。**请告诉我您的名字和电话号码**，好吗？

顾客：我叫杨丽丽，电话号码是123-456-789。

服务员：谢谢您。明晚8点，我们期待您的光临。

店員：レストランジャパンです。お伺いします。

客：予約をお願いします。

店員：かしこまりました。何月何日に何名様でしょうか？

客：明日の午後7時に2名で予約したいのですが。

店員：申し訳ありませんが、その時間は予約がいっぱいです。

客：午後8時はどうですか？

店員：大丈夫です。テーブル席、カウンター席、お座敷席がございますが、いずれに
　　　いたしましょうか？

客：お座敷席でお願いします。

店員：お任せコースが1名様8,000円ですが、こちらはご予約が必要です。いかがな
　　　さいますか？

客：ええ。

店員：食べ物のご希望、アレルギーはございますか？

客：夫はグルテンアレルギーなんです。

店員：承知いたしました。グルテンフリーの料理を用意いたします。奥様はいかがで
　　　すか？

客：私は何でも食べます。

店員：何か特別な日でしょうか？

客：ええ、記念日です。

店員：承知いたしました。無料サービスでデザートをご用意いたします。お名前と電
　　　話番号をお伺いできますか？

客：名前はヤン・リリで、電話番号は123-456-789です。

店員：ありがとうございます。明日の午後8時にお待ちしております。

※太字は本書に登場しているフレーズです。

ただ今の時間、全席禁煙です。

スゥオヨウ　ヅゥオシィ　シエンヅァイ　ドウ　ブゥ　ネゥン　シィイエン.
所有　座席　现在　都　不　能　吸烟。
Suǒyǒu zuòxí xiànzài dōu bù néng xiyān.

ランチタイムは午前11時から午後3時までです。

ウゥツァン　シージエン　シー　シャァンウゥ　シーイィ　ディエン　ダオ
午餐　时间　是　上午　11　点　到
シアウゥ　サン　ディエン.
下午　3　点。
Wǔcān shíjiān shì shàngwǔ shíyī diǎn dào xiàwǔ sān diǎn.

ラストオーダーは午後9時です。

ヅゥイホウ　ディエンダン　シージエン　シー　ワンシャァン　ジウ　ディエン.
最后　点单　时间　是　晚上　9　点。
Zuìhòu diǎndān shíjiān shì wǎnshang jiǔ diǎn.

「お飲み物のラストオーダー」は"现在是最后一次点酒水的时间 / シエンヅァイ
シー　ヅゥイホウ　イィ　ツー　ディエン　ジウシュイ　ダ　シージエン/
xiànzài shì zuìhòu yí cì diǎn jiǔshuǐ de shíjiān"です。

お水はセルフサービスとなっております。

ホァシュイ　チィン　ヅゥジィ　ダオ.
喝水　请　自己　倒。
Hēshuǐ qǐng zìjǐ dào.

お1人様、お料理を1品以上ご注文いただいています。

メイウェイ　グゥクァ　ヂーシャオ　ヤオ　ディエン　イィ　ダオ　ツァイ.
每位　顾客　至少　要　点　一　道　菜。
Měiwèi gùkè zhìshǎo yào diǎn yí dào cài.

先に食券をお買い求めください。

チィン　シエン　ゴウマイ　　ツァンチュエン.

请 先 购买 餐券。

Qǐng xiān gòumǎi cānquàn.

食券システムを採用している飲食店は、海外では珍しいです。システムがよくわからないお客様には"请在自动售货机上购买餐券/チィン　ヅァイ　ヅードォン　ショウホゥオジィ　シャァン　ゴウマイ　ツァンチュエン/qǐng zài zìdòng shòuhuòjī shang gòumǎi cānquàn"(自動販売機で食券をお買い求めください)と指し示すとよいでしょう。

お会計はレジでお願いします。

チィン　ダオ　　ショウインタイ　フゥクワン.

请 到 收银台 付款。

Qǐng dào shōuyíntái fùkuǎn.

先にお会計をお願いします。

チィン　ニン　　シエン　フゥクワン.

请 您 先 付款。

Qǐng nín xiān fùkuǎn.

お食事がお済みの際は、こちらの伝票を入り口のスタッフにお渡しください。

ヨンワン　　ツァン　ホウ,　チィン　バァ　チェイ　ヂャァン　ヂャァンダン

用完 餐 后,请 把 这 张 账单

ジアオゲイ　メンコウ　　ダ　　フゥゥション.

交给 门口 的 服务生。

Yòngwán cān hòu, qǐng bǎ zhèi zhāng zhàngdān jiāogěi ménkǒu de fúwùshēng.

お客様の中には、テーブルに着いたまま会計を済ませるのが普通と思い、食後も長い間席でお待ちになる方もいらっしゃいます。伝票を持って行く際、こう言うとよいでしょう。

ごはん／お味噌汁／コーヒーは、お代わり自由となっております。

ミィファン/ウェイヅゥンタァン/カァフェイ ミエンフェイ シュィジア.
米饭/味噌汤/咖啡　免费　续加。
Mǐfàn/wèizēngtāng/kāfēi miǎnfèi xùjiā.

お代わりはご自由にお申し付けください。

ヤオ　シュィジア　チィン　スゥイシー　ジアオ　ウオ.
要　续加　请　随时　叫　我。
Yào xùjiā qǐng suíshí jiào wǒ.

「お代わり」は"续加/シュィジア/xùjiā"です。お客様が言う「お代わりお願いします」は、食器によって"请再给我一碗/杯。/チィン　ヅァイ　ゲイ　ウオ　イィ　ワン/ベイ./Qǐng zài gěi wǒ yì wǎn/bēi."になります。

お水／お茶のお代わりはいかがですか？　無料です。

ニン　シュィヤオ　ジア　シュイ/チャア　マ?　シー　ミエンフェイ　ダ.
您　需要　加　水/茶　吗?　是　免费　的。
Nín xūyào jiā shuǐ/chá ma? Shì miǎnfèi de.

中国では多くの場合、水やお茶類は有料です。"免费/ミエンフェイ/miǎnfèi"と付け足すことで安心されるお客様もいるので、状況に応じて使いましょう。

ドリンクバーはあちらにございます。

ヅーヂュウ　インリアオ　バァタイ　ヅァイ　ネイビエン.
自助　饮料　吧台　在　那边。
Zìzhù yǐnliào bātái zài nèibian.

ドリンクバーは"自助饮料吧/ヅーヂュウ　インリアオバァ/zìzhù yǐnliàobā"のほか、"畅饮吧/チァアンインバァ/chàngyǐnbā"と言っても構いません。値段について述べる場合はp.86を参照してください。

備え付けのカップをご自由にご利用ください。

ナァリ　　ヨウ　　ベイヅ，　チィン　スゥイビエン　シーヨン．

那里　有　杯子，请　随便　使用。

Nàli yǒu bēizi, qǐng suíbiàn shǐyòng.

お代わりは1杯まで無料です。

ファイィ　ミエンフェイ　シュィ　ベイ　イィ　ツー．

可以　免费　续　杯　一　次。

Kěyǐ miǎnfèi xù bēi yí cì.

 中国人は冷えた飲み物を飲む習慣はありません。注文を受ける際 "要加冰块吗？/ヤオ　ジア　ビィンクワイ　マ?/Yào jiā bīngkuài ma?"（氷を入れますか？）と確認したほうがよいでしょう。

飲み放題は90分間です。

ジウシー　　フェンヂョン　ネイ　　ホァ　　インリアオ　ブゥ　シエンリアン．

九十　分钟　内　喝　饮料　不　限量。

Jiǔshí fēnzhōng nèi hē yǐnliào bú xiànliàng.

 「食べ放題」は、"自助餐/ヅーヂュウツァン/zìzhùcān"になります。

こちらは飲み放題のメニューです。

ヂョァ　シー　ジウシュイ　チャァンインダン．

这　是　酒水　畅饮单。

Zhè shì jiǔshuǐ chàngyǐndān.

プラス500円でこちらも飲み放題になります。

ロゥグゥオ　ドゥオジア　ウゥバイ　リーユエン，

如果　多加　500　日元，

ヂェイシエ　インリアオ　イエ　ファイィ　スゥイビエン　ホァ．

这些　饮料　也　可以　随便　喝。

Rúguǒ duōjiā wǔbǎi Rìyuán, zhèixiē yǐnliào yě kěyǐ suíbiàn hē.

お次のお飲み物はいかがいたしましょうか？

ニン　シュィヤオ　ジア　シェンマ　インリアオ　マ?
您　需要　加　什么　饮料　吗?

Nín xūyào jiā shénme yǐnliào ma?

食べ放題のメニューはこのページだけです。

ヂェイ　イィ　イエ　シャァン　ダ　ファンツァイ　クァイィ　スゥイビエン　チー.
这　一　页　上　的　饭菜　可以　随便　吃。

Zhèi yí yè shang de fàncài kěyǐ suíbiàn chī.

こちらは別料金です。

ヂョァ　シー　ヤオ　リィンワイ　ショウフェイ　ダ.
这　是　要　另外　收费　的。

Zhè shì yào lìngwài shōufèi de.

注文を受ける

ご用の際は、こちらのボタンを押してください。

シュィヤオ　フゥウゥ　シー　チィン　アン　ヂェイガ　アンニゥ.
需要 服务 时 请 按 这个 按钮。
Xūyào fúwù shí qǐng àn zhèige ànniǔ.

 海外のレストランでは、ボタンでスタッフを呼ぶ方式は珍しいものです。ボタン制を採用しているお店では、外国からのお客様にはあらかじめこうご説明すると親切です。

ご注文がお決まりになりましたら、お呼びください。

ヤオ　ディエン　ツァン　シー,　チィン　ニン　ジアオ　ウオ.
要 点 餐 时,请 您 叫 我。
Yào diǎn cān shí, qǐng nín jiào wǒ.

こちらがメニューです。

ヂョァ　シー　ツァイダン.
这 是 菜单。
Zhè shì càidān.

ご注文はお決まりですか？

ニン　ヤオ　ディエン　ツァン　マ？
您 要 点 餐 吗?
Nín yào diǎn cān ma?

先にお飲み物をお伺いしてもよろしいですか？

チィン　ニン　シエン　ディエン　インリアオ　バ.
请 您 先 点 饮料 吧。
Qǐng nín xiān diǎn yǐnliào ba.

当店のおすすめは、天ぷらの盛り合わせです。

ウオメン　ダ　トァスァ　ツァイ　シー　シージン　ティエンフゥルゥオ.

我们 的 特色 菜 是 什锦 天妇罗。

Wǒmen de tèsè cài shì shíjǐn tiānfùluó.

"有什么推荐的特色菜品吗?/ヨウ　シェンマ　トゥイジエン　ダ　トァスァ
ツァイピン　マ?/Yǒu shénme tuījiàn de tèsè càipǐn ma?"(おすすめ品は何
ですか？)とお客様に聞かれる時に備えて、メニューの中のおすすめの品の
中国語または英語を覚えておきましょう。

20分ほどお時間を頂きますが、よろしいですか？

ダァガイ　シュィヤオ　アルシー　フェンヂォン　ヅゥオヨウ，クァイィ　マ?

大概 需要 二十 分钟 左右，可以 吗?

Dàgài xūyào èrshí fēnzhōng zuǒyòu, kěyǐ ma?

申し訳ありませんが、本日は売り切れです。

ヘン　バオチエン，ジンティエン　イィジン　マイワンラ.

很 抱歉，今天 已经 卖完了。

Hěn bàoqiàn, jīntiān yǐjīng màiwánle.

この中から、お2つお選びください。

チィン　ツォン　ヂョァリ　シュエン　リアン　ガ.

请 从 这里 选 两 个。

Qǐng cóng zhèli xuǎn liǎng ge.

こちらは、2人前からご注文を承っています。

ヂェイガ　ツァイピン　リアン　ロェン　フェン　チィ　ディエン.

这个 菜品 两 人 份 起 点。

Zhèige càipǐn liǎng rén fèn qǐ diǎn.

ご注文は以上でよろしいですか？

ニン　ディエン　ダ　シー　ヂェイシエ　ツァイ　マ?

您 点 的 是 这些 菜 吗?

Nín diǎn de shì zhèixiē cài ma?

他にご注文はございますか？

ニン　ハイ　ヨウ　チィタァ　ヤオ　ディエン　ダ　マ？
您 还 有 其他 要 点 的 吗?

Nín hái yǒu qítā yào diǎn de ma?

⚠ "还要点别的吗? /ハイ　ヤオ　ディエン　ビエ　ダ　マ?/Hái yào diǎn bié de ma?"でも構いません。

❷ 飲食業

ご注文を確認いたします。生ビールが3点、シーザーサラダが1点。

ウオ　ライ　チュエロェン　イィシア　ニン　ダ　ツァイダン：
我 来 确认 一下 您 的 菜单：

ションピィ　サン　ベイ，カイサァ　シャアラァ　イィ　フェン．
生啤 三 杯、凯撒 沙拉 一 份。

Wǒ lái quèrèn yíxià nín de càidān: shēngpí sān bēi、kǎisā shālā yí fèn.

お料理のラストオーダーのお時間です。何かご注文はございますか？

シエンヴァイ　シー　ヅゥイホウ　ディエン　ダン　シージエン，
现在 是 最后 点 单 时间,

ニン　ハイ　シュィヤオ　シェンマ　マ？
您 还 需要 什么 吗?

Xiànzài shì zuìhòu diǎn dān shíjiān, nín hái xūyào shénme ma?

メニューをお下げしてもよろしいですか？

ウオ　バァ　ツァイダン　ショウチライ　バ？
我 把 菜单 收起来 吧?

Wǒ bǎ càidān shōuqilai ba?

デザートをお持ちいたしましょうか？

シエンヴァイ　クァイィ　シャァン　ティエンピン　マ？
现在 可以 上 甜品 吗?

Xiànzài kěyǐ shàng tiánpǐn ma?

料理を説明する表現

中国人のお客様から、メニューについて説明を求められることもあるでしょう。料理の中国語には専門的な用語もあり、語学の上級者でも使いこなすのは容易ではありません。以下の4つのポイントに着目して、最低限の説明をできるようにしておきましょう。なお、最近の中国では英語に堪能な若い世代も増えているので、場合によっては英語での説明も喜ばれます。

① 具材の中国名を伝える

エビなら中国語は"虾"（シア／xiā）、イカなら中国語は"鱿鱼"（ヨウユィ／yóuyú）というように、まずはその料理のメイン食材を言えるようになりましょう（p.160にある単語リストも参考にしてください）。

② 調理法を伝える

その料理が「揚げもの」なのか「炒めもの」なのかなどは非常に重要な情報です。例えば、肉じゃがは、肉とジャガイモを「煮込んだ」（"炖"ドゥン／dùn）ものです。中国語では"土豆炖肉"（トゥドウドゥンロウ／tǔdòudùnròu）と言います。

③ 味を大雑把に述べる

実際の食べ物の味は複雑ですが、その料理が甘いのか、辛いのか、などは伝えられるようにしましょう。「甘い」のであれば、"甜的"（ティエン　ダ／tián de）のように言います。

④ 食感を伝える

「柔らかい」は"酥软"（スゥロワン／sūruǎn）、「固い」は"硬"（イィン／yìng）、「ネバネバ」は"黏黏的"（ニエン　ニエン　ダ／nián nián de）、「かみごたえがある」は"很筋道"（ヘンジンダオ／hěn jindao）です。「口の中で溶けます」"吃到嘴里就化了"（チーダオ　ヅゥイリ　ジウ　ホワラ／chīdào zuǐli jiù huàle）という表現も定番です。

味や調理法			MP3 050
● 甘い	甜	ティエン	tián
● 辛い	辣	ラァ	là
● 塩辛い	咸	シエン	xián
● 甘辛い	咸甜	シエンティエン	xiántián

● 苦い	苦	クゥ	kǔ
● 酸っぱい	酸	スワン	suān

● 網で焼いた	用烧烤网烤制的	ヨン シャオカオワン カオヂー ダ	yòng shāokǎowǎng kǎozhì de
● オーブンで焼いた	用烤箱烘烤的	ヨン カオシアン ホォンカオ ダ	yòng kǎoxiāng hōngkǎo de
● 炭火で焼いた	炭火烤制的	タンホゥオ カオヂー ダ	tànhuǒ kǎozhì de
● 薫製にした	熏制的	シュィンヂー ダ	xūnzhì de
● 炒めた	炒	チャオ	chǎo
● ソテーにした	清炒	チンチャオ	qīngchǎo
● 揚げた	炸	ヂャア	zhá
● 蒸した	蒸	ヂョン	zhēng
● ゆでた	煮的	ヂュウ ダ	zhǔ de
● 弱火で煮た	用文火煮的	ヨン ウェンホゥオ ヂュウ ダ	yòng wénhuǒ zhǔ de
● 煮込んだ	炖煮	ドゥンヂュウ	dùnzhǔ
● 薄切りにした	切成薄片	チエチョン バオピエン	qiēchéng báopiàn
● 千切りにした	切丝	チエスー	qiēsī
● 刻んだ	切碎	チエスゥイ	qiēsuì
● (ジャガイモなどを)つぶした	捣碎	ダオスゥイ	dǎosuì
● (ニンニクなどを)つぶした	压碎	ヤァスゥイ	yāsuì
● 漬けた	腌制	イエンヂー	yānzhì
● すりおろした	磨碎	モォスゥイ	mósuì
● 詰め物にした	里面装满/填馅	リィミエン ヂュアンマン/ティエンシエン	lǐmian zhuāngmǎn/tiánxiàn
● ～で和えた	放入…(调料)拌匀	ファアンロゥ…(ティアオリアオ)バンユィン	fàngrù…(tiáoliào) bànyún
● 衣の付いた	裹一层面粉	グゥオ イィ ツゥン ミエンフェン	guǒ yì céng miànfěn
● マリネにした	腌泡过的	イエン パオグゥオ ダ	yān pàoguo de

サイズはどうなさいますか？

ヤオ　ドゥオダァ　ダ　ナ?
要 多大 的 呢?
Yào duōdà de ne?

ドレッシングは、ごまと醤油がございますが、どちらになさいますか？

ジャアラァヂー　ヤオ　ヂーマウェイ　ハイシ　ジアンヨウウェイ　ダ　ナ?
沙拉汁 要 芝麻味 还是 酱油味 的 呢?
Shālāzhī yào zhīmawèi háishi jiàngyóuwèi de ne?

ステーキの焼き加減はどうなさいますか？

チィン　ウェン, ニウパイ　ヤオ　カオダオ　ジィ　フェン　シュウ　ナ?
请 问, 牛排 要 烤到 几 分 熟 呢?
Qǐng wèn, niúpái yào kǎodào jǐ fēn shú ne?

 "一分熟／イィ　フェン　シュウ／yī fēn shú"(レア)⇒"五分熟／ウゥ　フェン　シュウ／wǔ fēn shú"(ミディアム)⇒"全熟／チュエン　シュウ／quán shú"(ウェルダン)が基本です。さらに細かい区分として、レアとミディアムの間の"三分熟／サン　フェン　シュウ／sān fēn shú"、ミディアムとウェルダンの間の"七分熟／チィ　フェン　シュウ／qī fēn shú"があります。

スープは、この3種類の中からお選びください。

タァンピン チィン ツォン チェイ サン チョン リ シュエン イィ クワン.
汤品 请 从 这 三 种 里 选 一 款。
Tāngpǐn qǐng cóng zhèi sān zhǒng li xuǎn yì kuǎn.

こちらにはライスかパンが付いておりますが、どちらになさいますか？

チェイ フェン タオツァン ペイ ミィファン ホゥオ ミエンバオ,
这 份 套餐 配 米饭 或 面包,
ニン シュエン シェンマ ナ?
您 选 什么 呢?
Zhèi fèn tàocān pèi mǐfàn huò miànbāo, nín xuǎn shénme ne?

ドリンクはお食事と一緒にお持ちしましょうか？
それとも後でお持ちしましょうか？

インリアオ シー シャァン ツァイ シー イィチィ シャァン,
饮料 是 上 菜 时 一起 上,
ハイシ ヨンツァン ホゥ ヅァイ シャァン ナ?
还是 用餐 后 再 上 呢?
Yǐnliào shì shàng cài shí yìqǐ shàng, háishi yòngcān hòu zài shàng ne?

ドリンクはいつお持ちすれば良いですか？

インリアオ シェンマ シーホウ シャァン ナ?
饮料 什么 时候 上 呢?
Yǐnliào shénme shíhou shàng ne?

温かいのと冷たいの、どちらになさいますか？

ニン ヤオ ロァイン ハイシ レゥンイン ナ?
您 要 热饮 还是 冷饮 呢?
Nín yào rèyǐn háishi lěngyǐn ne?

苦手な食材はございますか？

ニン　ヨウ　ジィコウ　ダ　シーツァイ　マ？
您 有 忌口 的 食材 吗?

Nín yǒu jìkǒu de shícái ma?

 アレルギー、健康、宗教や主義上の理由、好き嫌いで食べられないものがあるかどうか聞く時の定番表現です。

何かアレルギーはございますか？

ニン　ドゥイ　シェンマ　シーツァイ　グゥオミン　マ？
您 对 什么 食材 过敏 吗?

Nín duì shénme shícái guòmǐn ma?

この料理には乳製品が入っていますが、よろしいですか？

チェイ　ダオ　ツァイ　リ　ハンヨウ　ロゥヂーピン,
这 道 菜 里 含有 乳制品,

ニン　クァイィ　チー　マ？
您 可以 吃 吗?

Zhèi dào cài li hányǒu rǔzhìpǐn, nín kěyǐ chī ma?

この料理には豚由来の材料が含まれています。

チェイ　ダオ　ツァイ　リ　ハンヨウ　ヂュウロォウ　ヂーピン.
这 道 菜 里 含有 猪肉 制品。

Zhèi dào cài li hányǒu zhūròu zhìpǐn.

 "猪肉"は「豚肉」ですが、"猪肉制品"と言えば、ベーコンなどの豚肉加工食品ほか、ラードなども表すことができます。牛由来の材料が駄目なヒンズー教徒のお客様などには、"猪肉"の部分を"牛肉/ニウロォウ/niúròu"に変更するとよいでしょう。

この料理には、大豆やナッツが含まれておりません。

チェイ　ダオ　ツァイ　リ　　メイヨウ　ホアンドウ　ホァ　ジエングゥオ.
这　道　菜　里　没有　黄豆　和　坚果。
Zhèi dào cài li méiyǒu huángdòu hé jiānguǒ.

当店には、ベジタリアン向け料理がございません。

ベン　ツァンティン　メイヨウ　スゥシーツァン.
本　餐厅　没有　素食餐。
Běn cāntīng méiyǒu sùshícān.

主なアレルギー食品			MP3 053
● 牛乳	牛奶	ニウナイ	niúnǎi
● 卵	鸡蛋	ジィダン	jīdàn
● 大豆	黄豆	ホアンドウ	huángdòu
● 小麦	小麦	シアオマイ	xiǎomài
● ナッツ類	坚果类	ジエングゥオレイ	jiānguǒlèi
● ピーナツ	花生米	ホワションミィ	huāshēngmǐ
● アーモンド	杏仁	シィンロェン	xìngrén
● カシューナッツ	腰果	ヤオグゥオ	yāoguǒ
● クルミ	核桃	ホァタオ	hétao
● 魚	鱼	ユィ	yú
● タラ	鳕鱼	シュエユィ	xuěyú
● 平らな魚(ヒラメ・カレイ)	比目鱼	ビィムゥユィ	bǐmùyú
● 甲殻類	甲壳类	ジアチアオレイ	jiǎqiàolèi
● カニ	螃蟹	パァンシエ	pángxiè
● ロブスター	龙虾	ルォンシア	lóngxiā
● エビ	虾	シア	xiā

 **食の規律**

世界には、口にするものを制限している人たちが多くいます。その根拠として代表的なものを知っておきましょう。

ベジタリアン

通常「菜食主義」と訳されますが、その中にもいろいろなレベルがあります。

① **「哺乳類の肉」を食べない人。**豚肉や牛肉は口にしませんが、鶏肉や七面鳥は食べます。厳密には"ベジタリアン"の一歩手前のレベルです。

② **肉は食べないが、魚は食べる人。**この場合、魚の風味付けなどに鶏や豚のだしを使ってもいい人とそうでない人がいます。

③ **肉も魚も食べないが、卵や牛乳は食べる人。**この辺りから本格的なベジタリアンと呼ばれます。肉や魚のだしも駄目という人が多くなります。

④ 肉、魚、卵、牛乳、および、これらを使っただしも一切受け付けない人は、「純菜食主義者」（"純素食主义者"チュン　スゥシー　デュウイィヂョァ/chún sùshí zhǔyìzhě）と呼ばれます。

宗教

以下は、宗教における食のルールの代表的なものです。

① **イスラム教…ハラル**

豚肉は不浄とされ、アルコールは調味料としてでさえ使いません。食肉の処理の仕方や食べ物の梱包まで、詳細にわたるルールがあります。

② **ヒンズー教**

牛は神聖な動物であり、食べることは禁忌とされます。豚も食べられません。

③ **ユダヤ教…コーシャー（カシュルート）**

ユダヤ教の食べ物の清浄規定にかなったものです。一定の方法で食肉は処理され、特に血をよく抜くことが重要視されます。

ただ、食事制限をどれだけ実行するかは人それぞれで、例えばイスラム教徒でも、ハラルを守る度合いには差があります。禁忌の食材でもだしや味付け程度なら不問とする人たちもいれば、あらゆるものについて、製造・調理の工程までチェック機関の認証を受けたものしか口にしない、という人たちもいます。

「ベジタリアンだから」「この宗教だから」といって決めてかかると、かえってお客様をがっかりさせてしまうことにもつながりかねません。こうした知識を持った上で、先入観なくお客様ご自身に確認しましょう。

おすすめのメニューを案内する

お好みでセットをお選びいただけますが、いかがですか？

ニン　クァイィ　シュエン　ジィ　ヤン　ペイチョン　タオツァン.

您 可以 选 几 样 配成 套餐。

Nín kěyǐ xuǎn jǐ yàng pèichéng tàocān.

> 「セット」は"套餐/タオツァン/tàocān"です。セットか単品かを確認する方法に"您要买套餐还是单点?/ニン　ヤオ　マイ　タオツァン　ハイシ　ダンディエン?/Nín yào mǎi tàocān háishi dāndiǎn?"(p.102)という言い方もあります。

セットにはスープとサラダ、ドリンクが付いています。

タオツァン　リ　　ハン　タァン、シャアラァ　ホァ　インリアオ.

套餐 里 含 汤、沙拉 和 饮料。

Tàocān li hán tāng, shālā hé yǐnliào.

セットのドリンクは、こちらからお選びいただけます。

タオツァン　リ　ダ　インリアオ　クァイィ　ツォン　ヂェイ　リィミエン　シュエン.

套餐 里 的 饮料 可以 从 这 里面 选。

Tàocān li de yǐnliào kěyǐ cóng zhèi lǐmian xuǎn.

ハーフサイズになさいますと、50円引きになります。

ロゥグゥオ　ヤオ　バン　フェン　ダ　　ホワ，ピエンイ　ウゥシー

如果 要 半 份 的 话，便宜 50

リーユエン.

日元。

Rúguǒ yào bàn fèn de huà, piányi wǔshí Rìyuán.

大盛り無料ですが、どうなさいますか？

ミエンフェイ ジアリアン, ニン ヤオ ジア マ？

免费 加量, 您 要 加 吗？
Miǎnfèi jiāliàng, nín yào jiā ma?

 「大盛り」は "大碗／ダァワン／dàwǎn""大份／ダァフェン／dàfèn" とも言います。
「大盛りになさいますか？」なら "您要大碗的吗？／ニン ヤオ ダァワン ダ マ？/Nín yào dàwǎn de ma?" です。

モーニングセットがございます。

ヨウ ヅァオツァン タオツァン.

有 早餐 套餐。
Yǒu zǎocān tàocān.

ドリンクバーでの飲み放題はいかがですか？ 200円になります。

トゥイジエン ニン シュエンヅァ ヅーヂュウ インリアオバァ,

推荐 您 选择 自助 饮料吧,
シー アルバイ リーユエン.
是 200 日元。
Tuījiàn nín xuǎnzé zìzhù yǐnliàobā, shì èrbǎi Rìyuán.

こちらは、期間限定の特別メニューです。

ヂョァ シー チィジエン シエンディン ダ トァシュエン ツァイ.

这 是 期间 限定 的 特选 菜。
Zhè shì qījiān xiàndìng de tèxuǎn cài.

本日は、ポテトが100円となっております。

ヂャアシュウティアオ ジンティエン シー イィバイ リーユエン.

炸薯条 今天 是 100 日元。
Zhàshǔtiáo jīntiān shì yìbǎi Rìyuán.

お任せコースが2,980円でございますが、いかがですか？

デュウチュウ　トァシュエン　タオツァン　シー　　　リアンチエンジウバイバァシー　リーユエン,
主厨　　特选　　套餐　　是　　2980　　　　　日元,

ニン　　シーフォウ　ピンチァァン　イィシア？
您　　是否　　品尝　　一下?

Zhǔchú tèxuǎn tàocān shì liǎngqiānjiǔbǎibāshí Rìyuán, nín shìfǒu pǐncháng yíxià?

本日のおすすめはこちらです。

ヂョァ　シー　　ジンティエン　トァビエ　　トゥイジエン　ダ　　　ツァイシー.
这　　是　　今天　　特别　　推荐　　的　　菜式。

Zhè shì jīntiān tèbié tuījiàn de càishì.

 「当店のお薦め」であれば、"本店的特色菜/ベンディエン　ダ　トァスァツァイ/běndiàn de tèsècài"になります。

本日の日替わりメニューはこちらです。

ヂョァ　シー　　メイ ティエン　イィ　ホワン　ダ　　　ツァイピン.
这　　是　　每天　　一　　换　　的　　菜品。

Zhè shì měitiān yí huàn de càipǐn.

出来たてをご用意いたします。

ウオメン　　マァシァァン　ゲイ　　ニン　　ヅゥオ.
我们　　马上　　给　　您　　做。

Wǒmen mǎshàng gěi nín zuò.

こちらの牡蠣(かき)は北海道産です。

ヂェイシエ　ムゥリィ　シー　　ベイハイダオ　ダ.
这些　　牡蛎　　是　　北海道　　的。

Zhèixiē mǔlì shì Běihǎidào de.

 京都(ジィンドゥ/Jīngdū)、オリンピックが開催された長野(チァンイエ/Chángyě)、札幌(ヂァアホアン/Zháhuǎng)などは、海外でも高い認知度を誇ります。お客様へのアピールや会話のネタとして使ってもよいでしょう。

特別な配慮をする

MP3 055

ご希望でしたら、ニンニク抜きにできます。

ゲンジュィ ニン ダ ヤオチウ, クァイイィ ブ ファアン スワン.
根据 您 的 要求，可以 不 放 蒜。
Gēnjù nín de yāoqiú, kěyǐ bú fàng suàn.

**メニューにないものをご希望でしたら、試しにお作り
してみることもできます。**

ロゥグゥオ ニン シアン チー ツァンダン リ メイヨウ ダ ツァイシー,
如果 您 想 吃 菜单 里 没有 的 菜式，
ウオメン ホゥイ ジンリアン マンヅゥ ニン ダ ヤオチウ.
我们 会 尽量 满足 您 的 要求。
Rúguǒ nín xiǎng chī càidān li méiyǒu de càishì, wǒmen huì jìnliàng
mǎnzú nín de yāoqiú.

ご注文は承っていますか？

ニン イィジィン ディエングゥオ ツァイ ラ マ?
您 已经 点过 菜 了 吗?
Nín yǐjīng diǎnguo cài le ma?

こちらもご一緒にいかがですか？

ニン シーフォウ イエ イィチィ チャァンチャァン チェイガ?
您 是否 也 一起 尝尝 这个?
Nín shìfǒu yě yìqǐ chángchang zhèige?

半分にお切りしましょうか？

ゲイ ニン チエチョン リアンバン バ?
给 您 切成 两半 吧?
Gěi nín qiēchéng liǎngbàn ba?

もう少し食べやすい大きさにお切りしましょうか？

<ruby>要<rt>ヤオ</rt></ruby> <ruby>不<rt>ブ</rt></ruby> <ruby>要<rt>ヤオ</rt></ruby> <ruby>再<rt>ヅァイ</rt></ruby> <ruby>切<rt>チエ</rt></ruby> <ruby>小点儿<rt>シアオディアル</rt></ruby> <ruby>呢?<rt>ナ?</rt></ruby>

要 不 要 再 切 小点儿 呢?

Yào bu yào zài qiē xiǎodiǎnr ne?

取り皿をご利用になりますか？

<ruby>您<rt>ニン</rt></ruby> <ruby>需要<rt>シュィヤオ</rt></ruby> <ruby>小<rt>シアオ</rt></ruby> <ruby>碟子<rt>ディエヅ</rt></ruby> <ruby>吗?<rt>マ?</rt></ruby>

您 需要 小 碟子 吗?

Nín xūyào xiǎo diézi ma?

お取り分けいたしましょうか？

<ruby>需要<rt>シュィヤオ</rt></ruby> <ruby>帮<rt>バァン</rt></ruby> <ruby>您<rt>ニン</rt></ruby> <ruby>分菜<rt>フェンツァイ</rt></ruby> <ruby>吗?<rt>マ?</rt></ruby>

需要 帮 您 分菜 吗?

Xūyào bāng nín fēncài ma?

お箸をお持ちしましょうか？

<ruby>您<rt>ニン</rt></ruby> <ruby>需要<rt>シュィヤオ</rt></ruby> <ruby>筷子<rt>クワイヅ</rt></ruby> <ruby>吗?<rt>マ?</rt></ruby>

您 需要 筷子 吗?

Nín xūyào kuàizi ma?

 中国のお客様には、ナイフとフォークを上手に使いこなせる方が大勢いらっしゃいます。最初からこう聞くのは考えものですが、苦戦されているようでしたら、この表現で尋ねてみましょう。

お待ちの間にこちらをお召し上がりください。

<ruby>菜<rt>ツァイ</rt></ruby> <ruby>上<rt>シャァン</rt></ruby> <ruby>桌<rt>デュオ</rt></ruby> <ruby>前<rt>チエン</rt></ruby> <ruby>请<rt>チィン</rt></ruby> <ruby>您<rt>ニン</rt></ruby> <ruby>先<rt>シエン</rt></ruby> <ruby>尝尝<rt>チャァンチャァン</rt></ruby> <ruby>这个。<rt>デェイガ.</rt></ruby>

菜 上 桌 前 请 您 先 尝尝 这个。

Cài shàng zhuō qián qǐng nín xiān chángchang zhèige.

 日本の「お通し」に当たるものがない文化も多いので、無料なら"免费／ミエンフェイ／miǎnfèi" (p.90)と付け加えましょう。お客様も安心されるはずです。「お通し」の説明の仕方については、p.113を参照してください。

肉汁／ソースが跳ねますので、ご注意ください。

チィン　ダァンシン　ロォウヂー/シァアスー　ホゥイ　ジエンチュライ.

请 当心 肉汁/沙司 会 溅出来。

Qǐng dāngxīn ròuzhī/shāsī huì jiànchulai.

器／鉄板がお熱くなっておりますので、ご注意ください。

チィン　ダァンシン　ワン/ティエバン　タァンショウ.

请 当心 碗/铁板 烫手。

Qǐng dāngxīn wǎn/tiěbǎn tàngshǒu.

量が多いですがよろしいですか？

フェンリアン　ジアオ　ダァ，クァイィ　マ？

分量 较 大,可以 吗?

Fènliang jiào dà, kěyǐ ma?

もっと辛くすることもできます。

クァイィ　ヅゥオダ　ゲゥン　ラァ.

可以 做得 更 辣。

Kěyǐ zuòde gèng là.

こちらはサービスです。

ヂョァ　シー　ミエンフェイ　ダ.

这 是 免费 的。

Zhè shì miǎnfèi de.

 お店側がお客様に無料で料理を提供する場合の決まり文句です。「サービス」は中国語では"服务／フゥウゥ/fúwù"ですが、「無料」の意味はありません。

残りをお持ち帰りになりますか？

ションシア　ダ　ニン　ヤオ　ダァバオ　ダイヅォウ　マ？

剩下 的 您 要 打包 带走 吗?

Shèngxia de nín yào dǎbāo dàizǒu ma?

食材・食べ方の説明をする

この団子はイワシのすり身と小麦粉、卵でできています。

<ruby>这<rt>チェイガ</rt></ruby> <ruby>个<rt></rt></ruby> <ruby>丸子<rt>ワンヅ</rt></ruby> <ruby>是<rt>シー</rt></ruby> <ruby>用<rt>ヨン</rt></ruby> <ruby>沙丁鱼<rt>シャアディンユィ</rt></ruby>、

这个 丸子 是 用 沙丁鱼、

面粉 加 鸡蛋 做 的。

Zhèige wánzi shì yòng shādīngyú、miànfěn jiā jīdàn zuò de.

 「～でできている」は"用…做的"で表します。"…"の部分に材料名を足しましょう。

醤油、しょうが、ごま油で味付けしております。

调料 使用了 酱油、生姜 和 香油。

Tiáoliào shǐyòngle jiàngyóu、shēngjiāng hé xiāngyóu.

この鶏肉料理は、タマネギとマヨネーズを使っています。

这 份 鸡肉 料理 中 有 洋葱 和

蛋黄酱。

Zhèi fèn jīròu liàolǐ zhōng yǒu yángcōng hé dànhuángjiàng.

こちらのソースに付けてお召し上がりください。

请 蘸 这个 沙司 享用。

Qǐng zhàn zhèige shāsī xiǎngyòng.

味が付いています。

イィ　ティアオグゥオ　ウェイ　ダ.
已 调过 味 的。
Yǐ tiáoguo wèi de.

お好きな食べ方でお召し上がりください。

チィン　ニン　スゥイイィ　シアンヨン.
请 您 随意 享用。
Qǐng nín suíyì xiǎngyòng.

薬味をお好みでご利用ください。

シアンシン　ティアオリアオ　チィン　ニン　ゲンジュィ　コウウェイ　シュエンヨン.
香辛 调料 请 您 根据 口味 选用。
Xiāngxīn tiáoliào qǐng nín gēnjù kǒuwèi xuǎnyòng.

 もみじおろし、おろししょうが、あさつき類などはすべて"香辛调料/シア
ンシン　ティアオリアオ/xiāngxīn tiáoliào"です。

よく振ってください。

シーヨン　チエン　チィン　ヤオ　イ　ヤオ.
食用 前 请 摇 一 摇。
Shíyòng qián qǐng yáo yi yáo.

よくかき混ぜてください。

チィン　ジアオバン　ジュィンユィン.
请 搅拌 均匀。
Qǐng jiǎobàn jūnyún.

そのままお召し上がりください。

シーヨン シー シェンマ ドウ ブゥ ヨン ジア.
食用 时 什么 都 不 用 加。
Shíyòng shí shénme dōu bú yòng jiā.

 ここでは「そのままで」を「何も付けずに」と言っています。

レモンをしぼってお召し上がりください。

チィン ジアオシャァン ニィンモンヂー シアンヨン.
请 浇上 柠檬汁 享用。
Qǐng jiāoshang níngméngzhī xiǎngyòng.

塩だけで試してみてください。

チィン ニン ヂー ヂャンヂャ イエン チャァンチャァン.
请 您 只 蘸着 盐 尝尝。
Qǐng nín zhǐ zhànzhe yán chángchang.

この鍋でゆでてお召し上がりください。

チィン ヅァイ ヂェイガ グゥオ リ ヂュウヂュ ホウ シーヨン.
请 在 这个 锅 里 煮煮 后 食用。
Qǐng zài zhèige guō li zhǔzhu hòu shíyòng.

この部分はお召し上がりいただけません。

ヂョア イィ ブゥフェン ブゥ ネゥン チー.
这 一 部分 不 能 吃。
Zhè yí bùfen bù néng chī.

 「こちらはただの飾りです」は、"这是装饰／ヂョァ シー ヂュアンシー／zhè shì zhuāngshì"です。

調味料			
● 砂糖	砂糖	シャアタァン	shātáng
● 塩	盐	イエン	yán
● 醤油	酱油	ジアンヨウ	jiàngyóu
● 味噌	味噌	ウェイヅゥン	wèizēng
● ごま油	香油	シアンヨウ	xiāngyóu
● ラー油	辣椒油	ラァジアオヨウ	làjiāoyóu
● 酢	醋	ツゥ	cù
● バルサミコ酢	意大利香醋	イィダァリィ シアンツゥ	Yìdàlì xiāngcù
● みりん	甜料酒	ティエンリアオジウ	tiánliàojiǔ
● こしょう	胡椒	ホゥジアオ	hújiāo
● 山椒	日本胡椒	リーベン ホゥジアオ	Rìběn hújiāo
● 七味唐辛子	七味辣椒粉	チィウェイ ラァジアオフェン	qīwèi làjiāofěn
● ゆずこしょう	柚子胡椒	ヨウヅ ホゥジアオ	yòuzi hújiāo
● カレー粉	咖喱粉	ガァリィフェン	gālífěn
● 豆板醤	豆瓣酱	ドウバンジアン	dòubànjiàng
● マヨネーズ	蛋黄酱	ダンホアンジアン	dànhuángjiàng
● タルタルソース	塔塔酱	タァタァジアン	tǎtǎjiàng
● ウスターソース	伍斯特沙司	ウゥスートァ シャア スー	wǔsìtè shāsī
● だし	高汤	ガオタァン	gāotāng

料理を運ぶ・下げる

お待たせしました、鶏のから揚げでございます。

ロァァン ニン ジウ デゥン ラ, ヂョァ シー ヂャアジィクワイ.

让 您 久 等 了, 这 是 炸鸡块。

Ràng nín jiǔ děng le, zhè shì zhájikuài.

生ビールをご注文のお客様は…？

ディエンラ ションピィ ダ グゥクァ シー…?

点了 生啤 的 顾客 是…?

Diǎnle shēngpí de gùkè shì…?

 注文した人が誰かを確認する表現です。文末は上げ調子で読みましょう。そうすることで「どなたの注文ですか？」の意味合いになります。

ご注文の品は、以上でおそろいですか？

ニン ダ ツァイ ドゥ シャァンチィラ バ?

您 的 菜 都 上齐了 吧?

Nín de cài dōu shàngqíle ba?

空いているお皿をお下げしてもよろしいですか？

ウオ バァ コォン ディエヅ チョァシア, ハオ マ?

我 把 空 碟子 撤下, 好 吗?

Wǒ bǎ kōng diézi chèxia, hǎo ma?

95

追加のご注文はございますか？

ニン　ハイ　シュィヤオ　ジアディエン　シェンマ　マ?

您 还 需要 加点 什么 吗?

Nín hái xūyào jiādiǎn shénme ma?

(料理を出した時に) ごゆっくりどうぞ。

チィン　ニン　マン　ヨン.

请 您 慢 用。

Qǐng nín màn yòng.

(食後お皿を下げた後に) ごゆっくりどうぞ。

ニン　マン　ヅゥオ.

您 慢 坐。

Nín màn zuò.

 お客様が2人以上なら、"你们慢慢聊／ニィメン　マンマン　リアオ／nǐmen mànman liáo"と言いましょう。閉店間際などにお客様から「もう帰らないといけませんか？」と尋ねられた時にも使えます。"您不要着急／ニン　ブゥヤオ　ヂャオジィ／nín búyào zháojí"でも構いません。

こちらは、次回来店時にお使いいただけるクーポン券です。

ニン　シア　ツー　グアンリン　ベンディエン　シー　クァ　シーヨン

您 下 次 光临 本店 时 可 使用

ヂェイ　ヂァァン　ヨウホゥイチュエン.

这 张 优惠券。

Nín xià cì guānglín běndiàn shí kě shǐyòng zhèi zhāng yōuhuìquàn.

調理場に聞いてまいります。

ウオ　チュィ　ウェンウェン　チュウファアン.

我　去　问问　厨房。

Wǒ qù wènwen chúfáng.

注文が通っていませんでした。

メイヨウ　トォンヂー　チュウファアン　ヅゥオツァイ.

没有　通知　厨房　做菜。

Méiyǒu tōngzhī chúfáng zuòcài.

すぐにお作り直しいたします。

ウオメン　マァシャァン　チォンシン　ヅゥオ　イィ　フェン.

我们　马上　重新　做　一　份。

Wǒmen mǎshàng chóngxīn zuò yí fèn.

今作っております。

シエンヅァイ　ヂョンヅァイ　ヅゥオ.

现在　正在　做。

Xiànzài zhèngzài zuò.

今すぐお作りします。

ウオメン　マァシャァン　ジウ　ヅゥオ.

我们　马上　就　做。

Wǒmen mǎshàng jiù zuò.

お待たせしません。

ブゥ　ホゥイ　ロァァン　ニン　デゥン　タイ　ジウ　ダ.

不　会　让　您　等　太　久　的。

Bú huì ràng nín děng tài jiǔ de.

10分ほどお時間ください。

マァファン　ニン　デゥン　シー　フェンヂォン　ヅゥオヨウ.

麻烦 您 等 十 分钟 左右。

Máfan nín děng shí fēnzhōng zuǒyòu.

もう少々お待ちくださいますか？

チィン　ニン　ヅァイ　シャオ　デゥン　イィホアル　ハオ　マ?

请 您 再 稍 等 一会儿 好 吗?

Qǐng nín zài shāo děng yíhuìr hǎo ma?

その品のお代は結構です。

ヂェイ　フェン　ジウ　ブゥ　ショウフェイ　ラ.

这 份 就 不 收费 了。

Zhèi fèn jiù bù shōufèi le.

本日のお代は結構です。

ジンティエン　ダ　ツァンインフェイ　ジウ　ブゥ　ショウラ.

今天 的 餐饮费 就 不 收了。

Jīntiān de cānyǐnfèi jiù bù shōule.

おわびとしてこちらをサービスさせてください。

ウェイラ　ビアオシー　チエンイィ.

为了 表示 歉意，

ヂェイ　イィ　フェン　ウオメン　ミエンフェイ　ヅゥンソゥン.

这 一 份 我们 免费 赠送。

Wèile biǎoshì qiànyì, zhèi yí fèn wǒmen miǎnfèi zèngsòng.

当店では無料Wi-Fiサービスをご利用いただけません。

ベンディエン　メイヨウ　ミエンフェイ　ワイファイ.

本店 没有 免费 Wi-Fi。

Běndiàn méiyǒu miǎnfèi Wi-Fi.

お願い・注意をする

MP3 060

❷ 飲食業

あちらにお席を移動していただけませんか？

クァイィ　マァファン　ニン　ホワンダオ　ネイビエン　ダ　ヅゥオウェイ　マ？
可以　麻烦　您　换到　那边　的　座位　吗?
Kěyǐ máfan nín huàndào nèibian de zuòwèi ma?

5人掛けのお席ですので、もう少し詰めていただけませんか？

デェイガ　ツァンタイ　シー　ウゥ　ロェン　ヅゥオウェイ,
这个　餐台　是　五　人　座位,
マァファン　ダァジア　ワン　リ　ジィジ　ハオ　マ？
麻烦　大家　往　里　挤挤　好　吗?
Zhèige cāntái shì wǔ rén zuòwèi, máfan dàjiā wǎng li jǐji hǎo ma?

お1人様につき1杯、お飲み物の注文をお願いします。

チィン　メイロェン　グァ　ディエン　イィ　フェン　インリアオ.
请　每人　各　点　一　份　饮料。
Qǐng měirén gè diǎn yí fèn yǐnliào.

ご提供の前に身分証明書の確認が必要です。

ティゴォン　ツー　インピン,　シュィヤオ　チュエロェン　シェンフェンヂョン.
提供　此　饮品，需要　确认　身份证。
Tígōng cǐ yǐnpǐn, xūyào quèrèn shēnfènzhèng.

食べ終わった食器は、返却口へ置いてください。

ヨンワン　ツァン　ホウ,　チィン　バァ　ツァンジュィ　ファンダオ　ホゥイショウチュウ.
用完　餐　后，请　把　餐具　放到　回收处。
Yòngwán cān hòu, qǐng bǎ cānjù fàngdào huíshōuchù.

99

今ここで精算していただいてもよろしいでしょうか？

チィン　ニン　ヅァイ　ヂョァリ　マイダン　ハオ　マ?
请　您　在　这里　买单　好　吗?

Qǐng nín zài zhèli mǎidān hǎo ma?

お車を運転される方にはアルコールを提供できません。

ウオメン　ブゥ　シアン　ジアシーユエン　ティーゴォン　ジウシュイ　フゥウゥ.
我们　不　向　驾驶员　提供　酒水　服务。

Wǒmen bú xiàng jiàshǐyuán tígōng jiǔshuǐ fúwù.

⚠ "酒驾/ジウジア/jiǔjià"(飲酒運転)は、世界的に厳罰化の傾向にあります。「パスポートを見せていただけますか？」は"能看一下您的护照吗?/ネゥン　カン　イィシア　ニン　ダ　ホゥヂャオ　マ?/Néng kàn yíxià nín de hùzhào ma?"と言います。

他のお客様のご迷惑になりますので、おやめください。

ヂョァマ　ヅゥオ　ホゥイ　イィンシアン　チィタァ　グゥクァ,
这么　做　会　影响　其他　顾客,

チィン　ニン　ブゥヤオ　ヂェイヤン.
请　您　不要　这样。

Zhème zuò huì yǐngxiǎng qítā gùkè, qǐng nín búyào zhèiyàng.

生ものですので、お持ち帰りはできません。

ヂョァ　シー　ションシエン　シーピン,　ブゥ　ネゥン　ダァバオ　ダイヅォウ.
这　是　生鲜　食品,　不　能　打包　带走。

Zhè shì shēngxiān shípǐn, bù néng dǎbāo dàizǒu.

事例1
ファストフード店・カフェ

MP3 061

レジでご注文をお伺いします。

チィン　ヅァイ　ショウインタイ　ディエンツァン.

请 在 收银台 点餐。

Qǐng zài shōuyíntái diǎncān.

 「レジ」は"收银机／ショウインジィ／shōuyínji"とも言います。「レジ係」は"收银员／ショウインユエン／shōuyínyuán"と言います。

ただ今、席が大変混み合っております。お先に席をお取りください。

シエンヅァイ　ロェン　ヘン　ドゥオ,　チィン　ニン　シエン　ヂャオハオ　ヅゥオウェイ.

现在 人 很 多，请 您 先 找好 座位。

Xiànzài rén hěn duō, qǐng nín xiān zhǎohǎo zuòwèi.

テーブルをお拭きします。

ウオ　ライ　ツァア　イィシア　ヂュオヅ.

我 来 擦 一下 桌子。

Wǒ lái cā yíxià zhuōzi.

次の方どうぞ。

シア　イィ　ウェイ　チィン.

下 一 位 请。

Xià yí wèi qǐng.

左側にずれてお待ちください。

チィン　ニン　カオ　ヅゥオツァ　パイドゥイ　デゥンホウ.

请 您 靠 左侧 排队 等候。

Qǐng nín kào zuǒcè páiduì děnghòu.

❷ 飲食業

店内でお召し上がりですか？ お持ち帰りですか？

ニン　シー　ヅァイ　ヂョァリ　チー　ハイシ　ヤオ　ダイヅォウ？
您 是 在 这里 吃 还是 要 带走?

Nín shì zài zhèli chī háishi yào dàizǒu?

 決まり文句です。「持ち帰り」は"外卖／ワイマイ／wàimài"とも言います、両方覚えておきましょう。

セットにしますか？ それとも単品にしますか？

ニン　ヤオ　マイ　タオツァン　ハイシ　ダンディエン？
您 要 买 套餐 还是 单点?

Nín yào mǎi tàocān háishi dāndiǎn?

ドリンクのサイズはどうされますか？

インリアオ　ヤオ　ドゥオダァ　ベイ　ダ？
饮料 要 多大 杯 的?

Yǐnliào yào duōdà bēi de?

 "小杯、中杯还是大杯?／シアオベイ、ヂョンベイ　ハイシ　ダァベイ?／Xiǎobēi、zhōngbēi háishi dàbēi?"とカップの大きさで聞くこともできます。

お砂糖やミルクはお付けしますか？

ヤオ　ペイ　タァン　ホァ　ニウナイ　マ？
要 配 糖 和 牛奶 吗?

Yào pèi táng hé niúnǎi ma?

砂糖とミルクは、あちらにあるものをご自由にお使いください。

タァン　ホァ　ニウナイ　ファアンヅァイ　ナァリ，　チィン　スゥイイィ　シーヨン．
糖 和 牛奶 放在 那里, 请 随意 使用。

Táng hé niúnǎi fàngzài nàli, qǐng suíyì shǐyòng.

ポテトとお飲み物は、プラス料金でサイズアップができます。

シュウティアオ　ホァ　インリアオ　ジアチエン　ホウ　クァイイ　ジアダァ.
薯条　和　饮料　加钱　后　可以　加大。
Shǔtiáo hé yǐnliào jiāqián hòu kěyǐ jiādà.

ケーキはこちらのショーケースからお選びください。

チィン　ツォン　ヂェイガ　ヂャンシーグゥイ　リ　シュエン
请　从　这个　展示柜　里　选
イィ　クワン　ダンガオ.
一　款　蛋糕。
Qǐng cóng zhèige zhǎnshìguì li xuǎn yì kuǎn dàngāo.

番号札を持ってお席でお待ちください。

チィン　ナァヂャ　ハオマァパイ　ヅァイ　ヅゥオウェイ　デゥンホウ.
请　拿着　号码牌　在　座位　等候。
Qǐng názhe hàomǎpái zài zuòwèi děnghòu.

お料理はお席までお届けします。

ウオメン　ホゥイ　バァ　リアオリィ　ソォンダオ　ニン　ダ　ヅゥオウェイ.
我们　会　把　料理　送到　您　的　座位。
Wǒmen huì bǎ liàolǐ sòngdào nín de zuòwèi.

出来上がりましたらベルでお呼びします。

ヅゥオハオ　ホウ　ウオメン　ホゥイ　ヨン　ホゥジアオリィン　トォンヂー
做好　后　我们　会　用　呼叫铃　通知
ニン.
您。
Zuòhǎo hòu wǒmen huì yòng hūjiàolíng tōngzhī nín.

ベルが鳴ったらカウンターまで取りに来てください。

リィンション　シアン　ホウ　チィン　ダオ　グゥイタイ　ライ　チュィ.
铃声　响　后　请　到　柜台　来　取。
Língshēng xiǎng hòu qǐng dào guìtái lái qǔ.

青いランプの下でお待ちください。

<ruby>请<rt>チィン</rt></ruby> <ruby>在<rt>ヅァイ</rt></ruby> <ruby>蓝灯<rt>ランデゥン</rt></ruby> <ruby>下<rt>シア</rt></ruby> <ruby>等候<rt>デゥンホウ</rt></ruby>。

请 在 蓝灯 下 等候。

Qǐng zài lándēng xià děnghòu.

レシートをお持ちになって、あちらでお受け取りください。

チィン ナァヂャ シアオピアオ ダオ ネイビエン チュィ チュィ.

请 拿着 小票 到 那边 去 取。

Qǐng názhe xiǎopiào dào nèibian qù qǔ.

番号札1番でお待ちのお客様、お待たせしました。

ナァ イィ ハオ パイヅ ダ グゥクァ,

拿 1 号 牌子 的 顾客，

ロァァン ニン ジウ デゥン ラ.

让 您 久 等 了。

Ná yī hào páizi de gùkè, ràng nín jiǔ děng le.

 かなりお待たせしてしまった時には、"耐心／ナイシン／nàixin"（我慢強い）を使って"感谢您能耐心等候！／ガンシエ ニン ネゥン ナイシン デゥンホウ！/Gǎnxiè nín néng nàixin děnghòu !"と言ってもよいでしょう。

アイスカフェラテをご注文のお客様、お待たせしました。

ディエンラ ビィンナァティエカァフェイ ダ グゥクァ, ニン ジウ デゥン ラ.

点了 冰拿铁咖啡 的 顾客，您 久 等 了。

Diǎnle bīngnátiěkāfēi de gùkè, nín jiǔ děng le.

 ファストフード店の注文

店員：**下一位请。**

顾客：我要两杯咖啡。

店员：**要多大杯的?**

顾客：一杯小杯和一杯中杯，牛奶和糖都要。

店员：牛奶和糖放在那边的桌子上，请随意使用。您还要别的吗?

顾客：再要两个火腿三明治。

店员：有三明治加一杯咖啡和沙拉的**套餐**，一份 500 日元，您是否要套餐?

顾客：噢，那就要两份套餐吧。

店员：您是在店内用餐，还是带走呢?

顾客：在这里吃。

店员：一共是 1000 日元。请到您左边的柜台领取套餐。

店員：次の方どうぞ。

　客：コーヒーを2杯ください。

店員：サイズはどうなさいますか?

　客：スモール1杯とミディアム1杯お願いします。両方とも、ミルクと砂糖をお願いします。

店員：ミルクと砂糖は、あちらのカウンターでセルフサービスでお入れいただけます。他にご注文はございますか?

　客：ハムサンドイッチを2つお願いします。

店員：500円でサンドイッチ、コーヒー、サラダのセットをご注文いただけますが、いかがでしょうか?

　客：そうですね、じゃあ。セットを2つお願いします。

店員：こちらでお召し上がりですか?　お持ち帰りですか?

　客：ここで食べます。

店員：1,000円になります。お客様の左側のカウンターで、ご注文のセットをお受け取りください。

※太字は本書に登場しているフレーズです。

②
飲食業

事例2 和食店

MP3
063

白米・玄米・雑穀米の中からお選びください。

チィン　ツォン　ダアミィ、　シュエンミィ　ホゥオ　ヅァアグゥミィ　ヂォン
请 从 大米、玄米 或 杂谷米 中

シュエン　イィ　ヂォン.
选 一 种。

Qǐng cóng dàmǐ、xuánmǐ huò zágǔmǐ zhōng xuǎn yì zhǒng.

「～（3品）の中からお選びいただけます」は、このフレーズのように、"请从A、B或C中选一种/チィン　ツォン　A、B　ホゥオ　C　ヂォン　シュエン　イィ　ヂォン/Qǐng cóng A、B huò C zhōng xuǎn yì zhǒng." と言います。

汁はお椀から直接すすっても構いません。

ホァ　タァン　シー　ヅゥイ　ドゥイヂァ　ワン　ホァ　イエ
喝 汤 时 嘴 对着 碗 喝 也

ブゥ　スワン　シーリィ.
不 算 失礼。

Hē tāng shí zuǐ duìzhe wǎn hē yě bú suàn shīlǐ.

汁物を飲むお客様がスプーンを使おうとしている場合、止める必要はありませんが、食べ方をご存じないだけの可能性もあるので、和食では直接すすってもマナー違反ではないことを伝えてもよいでしょう。

だしは魚や海藻から取っています。

ガオタァン　シー　ファアンロゥ　ユィ　ホァ　ハイヅァオ　ヂュウ　ダ.
高汤 是 放入 鱼 和 海藻 煮 的。

Gāotāng shì fàngrù yú hé hǎizǎo zhǔ de.

【寿司】これは一貫の値段です。

ヂョァ　シー　イィ　ガ　　ショウスー　ダ　　ジアグァ.
这 是 一 个 寿司 的 价格。
Zhè shì yí ge shòusī de jiàgé.

「これは2貫の値段です」は"这是两个寿司的价格/ヂョァ　シー　リアン　ガ　ショウスー　ダ　ジアグァ/zhè shì liǎng ge shòusī de jiàgé"となります。

【寿司】お皿の色に応じて値段が変わります。

チョン　ショウスー　ダ　　ディエヅ　イエンスァ　ブゥ　トォン,
盛 寿司 的 碟子 颜色 不 同,

ジアグァ　イエ　ブゥ　イィヤン.
价格 也 不 一样。
Chéng shòusī de diézi yánsè bù tóng, jiàgé yě bù yíyàng.

「赤いお皿は500円です」は"红碟子是500日元/ホォン　ディエヅ　シー　ウゥバイ　リーユエン/hóng diézi shì wǔbǎi Rìyuán"と言います。

【寿司】ワサビが入っています。サビ抜きにしましょうか？

リィミエン　ファアンラ　チィンジエラァ, ヤオ　　チュィディアオ　マ?
里面 放了 青芥辣, 要 去掉 吗?
Lǐmian fàngle qīngjièlà, yào qùdiào ma?

苦手な人もいますので、出す前に確認したほうが親切です。「わさび」は"日式青芥末/リーシー　チィンジエモ/Rìshì qīngjièmo"とも言います。

【寿司】ワサビはとても辛いので少しだけ付けてください。

チィンジエラァ　ヘン　ラァ　　ダ, ニン　ブゥヤオ　ヂャン　ドゥオ　ラ.
青芥辣 很 辣 的, 您 不要 蘸 多 了。
Qīngjièlà hěn là de, nín búyào zhàn duō le.

外国人のお客様の中には、ワサビをワカモレなどと勘違いし、一口で食べてしまう方がいらっしゃいますので、お出しした時にこのように言うと親切です。

【寿司】生でない寿司もあります。

ウオメン　イエ　ヨウ　ブゥ　シー　ションユィ　ダ　ショウスー.
我们 也 有 不 是 生鱼 的 寿司。
Wǒmen yě yǒu bú shì shēngyú de shòusī.

【寿司】今日豊洲（市場）で仕入れたネタです。

ヂェイシエ　ユィ　シー　ウオメン　ジンティエン　ツォン
这些 鱼 是 我们 今天 从

フォンヂョウ　シーチャァン　シュエンゴウ　ダ.
丰洲 市场 选购 的。
Zhèixiē yú shì wǒmen jīntiān cóng Fēngzhōu shìchǎng xuǎngòu de.

 豊洲市場は、外国人にも知られた有名な観光地なので"丰洲市场/フォンヂョ
ウ　シーチャァン/Zhùdì shìchǎng"で通じます。

【寿司】こちらに湯飲みを当てるとお湯が出ます。

ヨン　ベイヅ　アン　ヂョァリ　ジウ　ホゥイ　チュウ　ロァシュイ.
用 杯子 按 这里 就 会 出 热水。
Yòng bēizi àn zhèli jiù huì chū rèshuǐ.

【麺類】そばをつゆに付けてください。

チアオマイミエン　チィン　ヂャンヂャ　ジアンヂー　チー.
荞麦面 请 蘸着 酱汁 吃。
Qiáomàimiàn qǐng zhànzhe jiàngzhī chī.

 「醤油」やざるそばの「つゆ」など、食材に付ける濃い味の液体状のものは"酱汁/
ジアンヂー/jiàngzhī"、味噌汁や温かいうどんなどの"汁"は"汤/タァン/
tāng"です。

**【つけ麺】つけだれをお飲みいただけるよう、スープで
お割りできます。**

ヂャン　ミエン　ジアンヂー　ネイ　ジア　ミエンタァン　ホウ　クァイィ　ホァ.
蘸 面 酱汁 内 加 面汤 后 可以 喝。
Zhàn miàn jiàngzhī nèi jiā miàntāng hòu kěyǐ hē.

寿司			
● 赤身魚	红肉鱼	ホォンロォウユィ	hóngròuyú
● 白身魚	白肉鱼	バイロォウユィ	báiròuyú
● 光もの	泛白光的鱼	ファン バイグアンダ ユィ	fàn báiguāng de yú
● 貝類	贝类	ベイレイ	bèilèi
● 巻物	寿司卷	ショウスージュエン	shòusījuǎn
● 軍艦巻き	军舰寿司	ジュインジエンショウスー	jūnjiàn shòusī
● 椀もの	汤	タァン	tāng
● マグロ	金枪鱼	ジンチアンユィ	jīnqiāngyú
● づけマグロ	腌制的金枪鱼片	イエンデー ダ ジンチアンユィピエン	yānzhì de jīnqiāngyúpiàn
● 大トロ	金枪鱼大腩	ジンチアンユィダァナン	jīnqiāngyú dànǎn
● 中トロ	金枪鱼中腩	ジンチアンユィヂォンナン	jīnqiāngyú zhōngnǎn
● サバ	鲭鱼	チィンユィ	qīngyú
● イワシ	沙丁鱼	シャアディンユィ	shādīngyú
● ハマチ	黄鲕鱼	ホアンシーユィ	huángshīyú
● アジ	竹荚鱼	ヂュウジアユィ	zhújiáyú
● タイ	鲷鱼	ディアオユィ	diāoyú
● カンパチ	高体鲕	ガオティーシー	gāotǐshī
● 平らな魚(ヒラメ・カレイ)	比目鱼	ビィムゥユィ	bǐmùyú
● あぶりサーモン	焙烤三文鱼	ベイカオサンウェンユィ	bèikǎo sānwényú
● エビ	虾	シア	xiā
● カニ	螃蟹	パァンシエ	pángxiè
● イカ	鱿鱼	ヨウユィ	yóuyú
● タコ	章鱼	ヂャァンユィ	zhāngyú
● アナゴ	康吉鳗	カァンジィマン	kāngjímán
● ウナギ	鳗鱼	マンユィ	mányú

2
飲食業

● アワビ	鲍鱼	バオユィ	bàoyú
● ホタテ	扇贝	シャンベイ	shànbèi
● サザエ	海螺	ハイルゥオ	hǎiluó
● ウニ	海胆	ハイダン	hǎidǎn
● イクラ	鲑鱼子	グゥイユィヅー	guīyúzǐ
● タラコ	鳕鱼子	シュエユィヅー	xuěyúzǐ
● ネギトロ巻き	金枪鱼葱花卷	ジンチアンユィ ツォンホワジュエン	jīnqiāngyú cōnghuājuǎn
● 納豆巻き	纳豆卷	ナァドウジュエン	nàdòujuǎn
● 鉄火巻き	铁火卷	ティエホゥオジュエン	tiěhuǒjuǎn
● 茶わん蒸し	蒸蛋羹	ヂョンダンゲゥン	zhēngdàngēng
● ガリ	腌生姜	イエンションジアン	yānshēngjiāng
● 卵焼き	煎蛋卷	ジエンダンジュエン	jiāndànjuǎn
● つま	生鱼片配的萝卜丝	ションユィピエン ペイ ダ ルゥオボスー	shēngyúpiàn pèi de luóbosī

そば・うどん・ラーメン

● つゆ、汁	汤	タァン	tāng
● (ざるの)つゆ	酱汁	ジアンヂー	jiàngzhī
● ざる	竹笊篱	デュウヂャオリ	zhúzhàoli
● かまぼこ	蒲鉾/鱼糕	プゥモウ/ユィガオ	púmóu/yúgāo
● きつね	油豆腐(乌冬/荞麦面)	ヨウドウフ (ウゥドォン/チアオマイミエン)	yóudòufu (wūdōng/qiáomàimiàn)
● たぬき	天妇罗花(乌冬/荞麦面)	ティエンフゥルゥオホワ (ウゥドォン/チアオマイミエン)	tiānfùluóhuā (wūdōng/qiáomàimiàn)
● 月見	生鸡蛋(乌冬/荞麦面)	ションジィダン (ウゥドォン/チアオマイミエン)	shēngjīdàn (wūdōng/qiáomàimiàn)
● わかめ	裙带菜	チュィンダイツァイ	qúndàicài
● とろろ	山药泥	シャンヤオニィ	shānyàoní

● 大根おろし	萝卜泥	ルオボニィ	luóboní
● 鴨	鸭子	ヤァヅ	yāzi
● 薄口／濃口醤油	生抽／老抽酱油	ションチョウ／ラオチョウ　ジアンヨウ	shēngchōu／lǎochōu jiàngyóu
● そば湯	荞麦面汤	チアオマイミエンタァン	qiáomàimiàntāng
● 薬味	香辛调料	シアンシンティアオリアオ	xiāngxintiáoliào
● 醤油味	酱油味	ジアンヨウウェイ	jiàngyóuwèi
● 味噌味	味噌味	ウェイヅゥンウェイ	wèizēngwèi
● 塩味	盐味	イエンウェイ	yánwèi
● 豚骨味	猪骨汤味	デュウグゥタァンウェイ	zhūgǔtāngwèi
● 魚介ベースの	鱼贝汤底的	ュィベイタァンディー　ダ	yúbèitāngdǐ de
● 鶏ガラ	鸡骨头	ジィグゥトウ	jigǔtou
● 昆布	海带	ハイダイ	hǎidài
● かつお節	木鱼花	ムゥユィホワ	mùyúhuā
● 煮干し	小鱼干	シアオユィガン	xiǎoyúgān
● 焦がし醤油	焦酱油	ジアオジアンヨウ	jiāojiàngyóu
● チャーシュー	叉烧	チァアシャオ	chāshāo
● 味付玉子	酱油煮蛋	ジアンヨウ　デュウダン	jiàngyóu zhǔdàn
● モヤシ	豆芽菜	ドウヤァツァイ	dòuyácài
● メンマ	竹笋	デュウスン	zhúsǔn
● ノリ	紫菜	ヅーツァイ	zǐcài
● ナルト	鱼饼	ュィビィン	yúbǐng
● ネギ	葱	ツォン	cōng

お通しです。

シアジウツァイ.
下酒菜。
Xiàjiǔcài.

(瓶ビールに)グラスはいくつお付けしますか？

シュィヤオ ジィ ガ ベイヅ ナ?
需要 几 个 杯子 呢?
Xūyào jǐ ge bēizi ne?

熱燗(あつかん)になさいますか、冷酒になさいますか？

ニン ヤオ ロァジウ ハイシ レゥンジウ?
您 要 热酒 还是 冷酒?
Nín yào rèjiǔ háishi lěngjiǔ?

 日本酒は"日本酒／リーベンジウ／Rìběnjiǔ"。ほかに"清酒／チィンジウ／qīngjiǔ"(清酒)、"烧酒／シャオジウ／shāojiǔ"(焼酎)、"果实酒／グゥオシージウ／guǒshíjiǔ"(果実酒)などを覚えておくと役立つでしょう。

【焼き鳥】塩になさいますか、タレになさいますか？

ニン ヤオ サア イエン カオ ダ.
您 要 撒 盐 烤 的,
ハイシ ヂャン ジアン カオ ダ ナ?
还是 蘸 酱 烤 的 呢?
Nín yào sǎ yán kǎo de, háishi zhàn jiàng kǎo de ne?

お通しの説明

有料のお通しは、日本の習慣に不慣れな外国人のお客様にはわかりづらいものです。まず、お通しが歓迎されない理由は2つあります。

① 頼んでいないのに有料であること

海外のチップのようなものと理解を示す人がいる一方で、注文していないのに料金を請求されるのは納得できないという人は少なくありません。

② 食べられるかどうかがわからないこと

p.84のコラムでも触れましたが、ベジタリアン、宗教の教え、あるいはアレルギーなどで、一定の食品を食べないお客様がいます。口にするものに制限を持っているお客様は、メニューを読んだり店員に聞いたりして、食べられるものなのかどうかを確認してから注文しているほどです。

では、外国にはないこのお通しのシステムをどう説明すればいいのでしょうか。お通しを出さないという方法もありますが、ほかに以下のような方法を考えました。

① 席料を伝え、お通しは無料サービスとして出す

まず、"我们收500日元的座位费。"（ウオメン ショウ ウゥバイ リーユエン ダ ヅゥオウェイフェイ。/Wǒmen shōu wǔbǎi Rìyuán de zuòwèi fèi.）「500円の席料を頂いております」と言っておき、お通しを出す時に"这是免费的，你们要尝尝吗?"（ヂョア シー ミエンフェイ ダ，ニィメン ヤオ チャァンチャァン マ?/Zhè shì miǎnfèi de, nǐmen yào chángchang ma?）「無料サービスです。いかがですか?」と告げて、お客様に食べるかどうかの選択肢を提供します。

② 有料のお通しは日本の習慣だと説明する

お通しを提供する時に、"这是日本的习惯，座位费里含一碟小菜。"（ヂョァ シー リーベン ダ シィグワン，ヅゥオウェイフェイリ ハン イィ ディエ シアオツァイ。/Zhè shì Rìběn de xíguàn, zuòwèifèili hán yì dié xiǎocài.）「これは日本の習慣です。席料と引き換えにお出しする前菜でございます」とお断りする方法です。

③ 選択制にする

お通しをお客様の前に持って行き、"这是日式下酒小菜，500日元,你们要尝尝吗?"（ヂョア シー リーシー シアジウシアオツァイ，ウゥバイ リーユエン，ニィメン ヤオ チャァンチャァン マ?/Zhè shì Rìshì xiàjiǔxiǎocài, wǔbǎi Rìyuán, nǐmen yào chángchang ma?）「こちらは500円の前菜ですが、いかがでしょうか?」と尋ねて、選んでもらいます。

居酒屋の定番メニュー

● 枝豆	煮毛豆	デュウ マオドウ	zhǔ máodòu
● おしんこ	咸菜	シエンツァイ	xiáncài
● 浅漬け	浅渍咸菜	チエンヅー シエンツァイ	qiǎnzì xiáncài
● 野菜スティック	蔬菜棒	シュウツァイバァン	shūcàibàng
● 大根サラダ	萝卜沙拉	ルゥオボ シャアラァ	luóbo shālā
● お茶漬け	茶泡饭	チャアパオファン	chápàofàn
● シーザーサラダ	凯撒沙拉	カイサア シャアラァ	kǎisā shālā
● たこわさ	芥末章鱼	ジエモ ヂャンユイ	jièmo zhāngyú
● 冷ややっこ	冷豆腐	レゥン ドウフ	lěng dòufu
● カルパッチョ	卡尔巴乔	カァアルバァチアオ	kǎ'ěrbāqiáo
● しめサバ	醋腌鲭鱼	ツゥイエン チィンユィ	cùyān qīngyú
● 揚げ出し豆腐	浇汁炸豆腐	ジアオヂー ヂャアドウフ	jiāozhī zhádòufu
● だし巻き卵	日式煎蛋卷	リーシー ジエンダンジュエン	Rìshì jiāndànjuǎn
● 焼き餃子	煎饺	ジエンジアオ	jiānjiǎo
● 焼き鳥	烤鸡串	カオヂィチュワン	kǎojīchuàn
● 手羽先	鸡翅	ジィチー	jīchì
● 軟骨のから揚げ	炸鸡软骨	ヂャアジィロワングゥ	zhájīruǎngǔ
● 鶏のから揚げ	炸鸡块	ヂャアジィクワイ	zhájīkuài
● 刺し身の盛り合わせ	刺身拼盘	ツーシェン ピンパン	cìshēn pīnpán
● 焼きホッケ	烤多线鱼	カオドゥオシエンユィ	kǎoduōxiànyú
● 豚の角煮	红烧肉	ホォンシャオロウ	hóngshāoròu
● 牛すじ煮込み	炖牛筋	ドゥンニウジン	dùnniújin
● もつ鍋	杂碎锅	ヅァアスゥイグゥオ	zásuìguō
● おにぎり	饭团	ファントワン	fàntuán
● 焼きおにぎり	烤饭团	カオファントワン	kǎofàntuán
● 焼きそば	炒面	チャオミエン	chǎomiàn
● チャーハン	炒饭	チャオファン	chǎofàn

● 抹茶アイス	抹茶冰淇淋	モォチャア ビィンチィリン	mǒchá bīngqílín
● パフェ	芭菲	バァフェイ	bāfēi
● 杏仁豆腐	杏仁豆腐	シィンロェン　ドウフ	xìngrén dòufu
● ごまドレッシング	麻酱汁	マァジアンヂー	májiàngzhī
● 和風ドレッシング	日式酱汁	リーシー　ジアンヂー	Rìshì jiàngzhī
● 青ジソドレッシング	紫苏酱汁	ヅースゥ　ジアンヂー	zǐsū jiàngzhī
● 梅ドレッシング	梅子酱汁	メイヅ　ジアンヂー	méizi jiàngzhī
● ワサビ醤油	芥辣酱油	ジエラァ　ジアンヨウ	jièlà jiàngyóu

MP3
068

（ご注文は）何になさいますか？

ニン　ヤオ　ディエン　シェンマ　ナ？
您 要 点 什么 呢?
Nín yào diǎn shénme ne?

飲み方はいかがなさいますか？

ニン　ヤオ　ナァ　イィ　ヂョン　インヨン　ファアンファ？
您 要 哪 一 种 饮用 方法?
Nín yào nǎ yì zhǒng yǐnyòng fāngfǎ?

「水割り」は"加水／ジア　シュイ／jiā shuǐ"、「お湯割り」は"加热水／ジア　ロァシュイ／jiā rèshuǐ"、「ソーダ割り」は"加汽水／ジア　チィシュイ／jiā qìshuǐ"、「ロック」は"加冰块／ジア　ビィンクワイ／jiā bīngkuài"、「ストレート」は"纯饮／チュン　イン／chún yǐn"です。

シングルになさいますか、ダブルになさいますか？

ニン　ヤオ　ダンフェン　ハイシ　シュアンフェン？
您 要 单份 还是 双份?
Nín yào dānfèn háishi shuāngfèn?

ロックになさいますか？

ヤオ　ジア　ビィンクワイ　マ？
要 加 冰块 吗?
Yào jiā bīngkuài ma?

こちらは度数がすごく強いですが、大丈夫ですか？

チェイ　ヂョン　ジウ　ダ　ドゥシュ　ヘン　ガオ，
这 种 酒 的 度数 很 高,
ニン　ネゥン　ホァ　マ？
您 能 喝 吗?
Zhèi zhǒng jiǔ de dùshu hěn gāo, nín néng hē ma?

チェイサーはいかがなさいますか？

ニン　シュィヤオ　ジウ　ホウ　ライ　イィ　ベイ　シュイ　マ?
您 需要 酒 后 来 一 杯 水 吗?
Nín xūyào jiǔ hòu lái yì bēi shuǐ ma?

このウォッカは40度です。

チェイガ　フゥトァジアジウ　ダ　ドゥシュ　シー　スースー　ドゥ.
这个 伏特加酒 的 度数 是 40 度。
Zhèige fútèjiājiǔ de dùshu shì sìshí dù.

 「アルコール度数は？」は"是多少度的? /シー　ドゥオシャオ　ドゥ　ダ/ Shì duōshao dù de?"、「16度前後」は"大概16度/ダァガイ　シーリウ ドゥ/dàgài shíliù dù"。

席料1,500円を頂いています。

ヅゥオシィフェイ　シー　イィチエンウゥバイ　リーユエン.
座席费 是 1500 日元。
Zuòxífèi shì yìqiānwǔbǎi Rìyuán.

これは甘口／辛口の日本酒です。

チェイ　ヂォン　リーベンジウ　シー　ガンコウジウ/シンコウジウ.
这 种 日本酒 是 甘口酒/辛口酒。
Zhèi zhǒng Rìběnjiǔ shì gānkǒujiǔ/xīnkǒujiǔ.

バー

● ビール	啤酒	ピィジウ	píjiǔ
● 地ビール	当地啤酒	ダァンディー ピィジウ	dāngdì píjiǔ
● カクテル	鸡尾酒	ジィウェイジウ	jīwěijiǔ
● ウイスキー	威士忌	ウェイシージィ	wēishìjì
● ブランデー	白兰地	バイランディー	báilándì
● スピリッツ	烈酒	リエジウ	lièjiǔ
● リキュール	利口酒	リィコウジウ	lìkǒujiǔ
● ワイン	葡萄酒	プゥタオジウ	pútaojiǔ
● シャンパン	香槟酒	シアンビンジウ	xiāngbīnjiǔ
● リンゴ酒、シードル	苹果酒	ピィングゥオジウ	píngguǒjiǔ
● ミネラルウォーター	矿泉水	クアンチュエンシュイ	kuàngquánshuǐ
● 炭酸水	苏打水	スゥダァシュイ	sūdǎshuǐ
● ノンアルコール飲料	无酒精饮料	ウゥジウジィン インリアオ	wújiǔjīng yinliào
● サワー	沙瓦	シャアワァ	shāwǎ
● ウォッカ	伏特加酒	フゥトァジアジウ	fútèjiājiǔ
● テキーラ	龙舌兰酒	ルォンショァランジウ	lóngshélánjiǔ
● ラム酒	朗姆酒	ラァンムゥジウ	lǎngmǔjiǔ
● 蒸留酒	蒸馏酒	ヂョンリウジウ	zhēngliújiǔ
● 焼酎	烧酒	シャオジウ	shāojiǔ
● 日本酒	日本酒	リーベンジウ	Rìběnjiǔ
● 醸造所	酿酒厂	ニアンジウチャァン	niàngjiǔchǎng
● チェイサー	酒后水	ジウホウシュイ	jiǔhòushuǐ
● おつまみ	下酒小菜	シアジウシアオツァイ	xiàjiǔxiǎocài

118

第3章

日本ならではの心遣いが光る

販売業のフレーズ

百貨店、家電量販店、雑貨店、コンビニといった、品物を売買する販売店での表現を集めました。
お客様の希望の尋ね方、セールの案内、配送方法の確認など、様々なフレーズを身につけましょう。

店内のお客様に声を掛ける

お荷物をお預かりしましょうか？

ニン　バァ　ドォンシ　シエン　ファアンヅァイ　ウオ　ヂョァリ　ハオ　マ?
您 把 东西 先 放在 我 这里 好 吗?
Nín bǎ dōngxi xiān fàngzai wǒ zhèli hǎo ma?

何かお探しですか？

ニン　シュィヤオ　シェンマ　マ?
您 需要 什么 吗?
Nín xūyào shénme ma?

どなた用ですか？

シー　ソォン　ロェン　ダ　マ?
是 送 人 的 吗?
Shì sòng rén de ma?

気に入ったものはありましたか？

ヂャオダオ　ニン　シィホワン　ダ　ラ　マ?
找到 您 喜欢 的 了 吗?
Zhǎodào nín xǐhuan de le ma?

もしよろしければ試してみませんか？

ニン　シュィヤオ　シーチュワン　イィシア　マ?
您 需要 试穿 一下 吗?
Nín xūyào shìchuān yíxià ma?

何かございましたらお声掛けください。

シュィヤオ フゥウゥ, チィン ニン ジアオ ウオ.

需要 服务，请 您 叫 我。

Xūyào fúwù, qǐng nín jiào wǒ.

ごゆっくりご覧ください。

ニン マンマン カン.

您 慢慢 看。

Nín mànman kàn.

どうぞお手に取ってご覧ください。

ニン ナァヂャ カン バ.

您 拿着 看 吧。

Nín názhe kàn ba.

担当者を呼んでまいります。

ウオ チュイ ジアオ フゥヅァロェン.

我 去 叫 负责人。

Wǒ qù jiào fùzérén.

あちらの列にございます。

ヅァイ ネイ イィ パイ.

在 那 一 排。

Zài nèi yì pái.

 「こちらにございます」は、"在这里／ヅァイ　ヂョアリ／zài zhèli"です。

❸
販売業

ご予算はございますか？

ニン　ダ　　ユィスワン　シー　　ドゥオシャオ？
您 的 预算 是 多少?
Nín de yùsuàn shì duōshao?

どのようなデザインがお好みでしょうか？

ニン　ヨウ　シィホワン　ダ　　クワンシー　マ？
您 有 喜欢 的 款式 吗?
Nín yǒu xǐhuan de kuǎnshì ma?

色違いをお持ちしましょうか？

ニン　ヤオ　カンカン　チィタァ　イエンスァ　ダ　　マ？
您 要 看看 其他 颜色 的 吗?
Nín yào kànkan qítā yánsè de ma?

「柄違い」であれば、"颜色"(色)の部分を"花样／ホアヤン／huāyàng"(柄)に変えましょう。

他のスタイルも試してみますか？

ニン　ヤオ　ブ　ヤオ　シー　イ　シー　チィタァ　クワンシー
您 要 不 要 试 一 试 其他 款式
ダ？
的?
Nín yào bu yào shì yi shì qítā kuǎnshì de?

"款式"の部分を、"颜色"(色)や"花样"(柄)などに変えることもできます。

こちらはご予算内でしょうか？

<ruby>这<rt>チェイ</rt></ruby> <ruby>件<rt>ジエン</rt></ruby> <ruby>没有<rt>メイヨウ</rt></ruby> <ruby>超出<rt>チャオチュウ</rt></ruby> <ruby>您<rt>ニン</rt></ruby> <ruby>的<rt>ダ</rt></ruby> <ruby>预算<rt>ュィスワン</rt></ruby> <ruby>吧<rt>バ</rt></ruby>?

Zhèi jiàn méiyǒu chāochū nín de yùsuàn ba?

こちらでよろしいですか？

<ruby>您<rt>ニン</rt></ruby> <ruby>要<rt>ヤオ</rt></ruby> <ruby>的<rt>ダ</rt></ruby> <ruby>是<rt>シー</rt></ruby> <ruby>这<rt>チェイ</rt></ruby> <ruby>一<rt>イィ</rt></ruby> <ruby>件<rt>ジエン</rt></ruby> <ruby>吗<rt>マ</rt></ruby>?

Nín yào de shì zhèi yí jiàn ma?

 お客様が望んでいるサイズや色、デザインであるかを確認するために使います。勘違いや万一のトラブルを避ける上で、便利なフレーズです。

お買い上げになりますか？

<ruby>您<rt>ニン</rt></ruby> <ruby>要<rt>ヤオ</rt></ruby> <ruby>买<rt>マイ</rt></ruby> <ruby>这<rt>チェイ</rt></ruby> <ruby>一<rt>イィ</rt></ruby> <ruby>件<rt>ジエン</rt></ruby> <ruby>吗<rt>マ</rt></ruby>?

Nín yào mǎi zhèi yí jiàn ma?

もう少し店内をご覧になりますか？ それともお会計なさいますか？

<ruby>您<rt>ニン</rt></ruby> <ruby>要<rt>ヤオ</rt></ruby> <ruby>再<rt>ヅァイ</rt></ruby> <ruby>看看<rt>カンカン</rt></ruby> <ruby>其他<rt>チィタァ</rt></ruby> <ruby>商品<rt>シャァンピン</rt></ruby> <ruby>呢<rt>ナ</rt></ruby>,

<ruby>还是<rt>ハイシ</rt></ruby> <ruby>马上<rt>マァシャァン</rt></ruby> <ruby>结算<rt>ジエスワン</rt></ruby> <ruby>呢<rt>ナ</rt></ruby>?

Nín yào zài kànkan qítā shāngpǐn ne, háishi mǎshàng jiésuàn ne?

大変お買い得です。

チェイガ　ヘン　シーホゥイ　ダ.
这个 很 实惠 的。
Zhèige hěn shíhuì de.

毎週月曜日は5%オフです。

メイ ガ　シィンチィイィ　ドウ　ダァ　ジウゥゥ　ヂョァ.
每个 星期一 都 打 九五 折。
Měige xīngqīyī dōu dǎ jiǔwǔ zhé.

ただ今、こちらの品は20%オフです。

チェイシエ　シャァンピン　シエンヅァイ　ダァ　バァ　ヂョァ　シアオショウ.
这些 商品 现在 打 八 折 销售。
Zhèixiē shāngpǐn xiànzài dǎ bā zhé xiāoshòu.

レジにてさらに10%お引きします。

ヅァイ　ショウインタイ　フゥクワン　シー　ヅァイ　ダァ　ジウ　ヂョァ.
在 收银台 付款 时 再 打 九 折。
Zài shōuyíntái fùkuǎn shí zài dǎ jiǔ zhé.

2点以上お買い上げで、10%オフになります。

マイ　リアン　ジエン　イィシャァン　ダ　ホワ,
买 两 件 以上 的 话,
クァイィ　シアンショウ　ジウ　ヂョァ　ヨウホゥイ.
可以 享受 九 折 优惠。
Mǎi liǎng jiàn yǐshàng de huà, kěyǐ xiǎngshòu jiǔ zhé yōuhuì.

 「もう1つお買い上げで」と言いたい場合は、"买两件以上"の部分を"再买一件 / ヅァイ マイ イィ ジエン/zài mǎi yí jiàn"に変えてください

124

1つ800円ですが、3つお買い上げで2,000円です。

<small>イィ ジエン シー バァバイ リーユエン,</small>
一 件 是 800 日元，

<small>マイ サン ジエン リアンチエン リーユエン.</small>
买 三 件 2000 日元。

Yí jiàn shì bābǎi Rìyuán, mǎi sān jiàn liǎngqiān Rìyuán.

5,000円以上お買い上げいただきますと、こちらのギフトを無料で差し上げます。

<small>シアオフェイ マン ウゥチエン リーユエン, ヅゥンソン リィピン イィ ジエン.</small>
消费 满 5000 日元，赠送 礼品 一 件。

Xiāofèi mǎn wǔqiān Rìyuán, zèngsòng lǐpǐn yí jiàn.

300円ごとに抽選券を差し上げています。

<small>メイ ゴウマイ サンバイ リーユエン ダ シャァンピン,</small>
每 购买 300 日元 的 商品，

<small>ジィ クァ ホゥオドァ イィ ヂャァン チョウジアンチュエン.</small>
即 可 获得 一 张 抽奖券。

Měi gòumǎi sānbǎi Rìyuán de shāngpǐn, jí kě huòdé yì zhāng chōujiǎngquàn.

こちらの商品はセール除外品です。

<small>ベン ヂュワングゥイ ブゥ ツァンジア ヨウホゥイ ツゥシアオ ホゥオドォン.</small>
本 专柜 不 参加 优惠 促销 活动。

Běn zhuānguì bù cānjiā yōuhuì cùxiāo huódòng.

 "这里的商品不打折/ヂョァリ ダ シャァンピン ブゥ ダァヂョァ/zhèli de shāngpǐn bù dǎzhé"と言っても構いません。

<small>（右側タブ）❸ 販売業</small>

特長・お得感をアピールする

こちらはとても人気です。

<ruby>这<rt>デェイシエ</rt></ruby> <ruby>些<rt></rt></ruby> <ruby>商品<rt>シャァンピン</rt></ruby> <ruby>很<rt>ヘン</rt></ruby> <ruby>有<rt>ヨウ</rt></ruby> <ruby>人气<rt>ロェンチィ</rt></ruby>。

これら 商品 很 有 人气。

这些 商品 很 有 人气。
Zhèixiē shāngpǐn hěn yǒu rénqì.

 「すぐ売り切れてしまいます」は"卖得很快／マイダ　ヘン　クワイ／màide hěn kuài"です。

使いやすいです。

ヘン　ハオヨン.
很　好用。
Hěn hǎoyòng.

手入れが簡単です。

リーチャァン　バオヤン　ヘン　ジエンダン.
日常　保养　很　简单。
Rìcháng bǎoyǎng hěn jiǎndān.

軽くて持ちやすいです。

チィンビエン　ハオナァ.
轻便　好拿。
Qīngbiàn hǎoná.

どなたにでもお使いいただけます。

ロェンホァ　ロェン　ドウ　ネゥン　ヨン.
任何　人　都　能　用。
Rènhé rén dōu néng yòng.

126

日本の高級ブランドです。

ヂョァ シー リーベン ダ ガオジィ ピンパイ.

这 是 日本 的 高级 品牌。

Zhè shì Rìběn de gāojí pǐnpái.

 「高級ブランド」は "高端品牌/ガオドワン　ピンパイ/gāoduān pǐnpái" とも
言います。

京都から取り寄せたものです。

ヂョァ シー ウオメン ツォン ジィンドゥ ディンゴウ ダ.

这 是 我们 从 京都 订购 的。

Zhè shì wǒmen cóng Jīngdū dìnggòu de.

お値ごろ感があります。

ジアグァ ホァシー.

价格 合适。

Jiàgé héshì.

 「安い」ことを直接表現する場合、 "便宜/ピエンイ/piányi" "不贵/ブゥ　グゥ
イ/bú guì" という言い方になります。

今日入ってきたばかりです。

ヂョァ シー ジンティエン ガァン ダオ ダ ホゥオ.

这 是 今天 刚 到 的 货。

Zhè shì jīntiān gāng dào de huò.

今年のはやりの商品です。

ヂョァ シー ジンニエン リウシィン ダ シャァンピン.

这 是 今年 流行 的 商品。

Zhè shì jīnnián liúxíng de shāngpǐn.

今の季節にぴったりの商品です。

ヂョァ シー ダァンジィ ヅゥイ シーヨン ダ シャァンピン.

这 是 当季 最 适用 的 商品。

Zhè shì dāngjì zuì shìyòng de shāngpǐn.

当店の一番人気です。

ヂョァ シー ベンディエン ヅゥイ ヨウ ロェンチィ ダ シャァンピン.

这 是 本店 最 有 人气 的 商品。

Zhè shì běndiàn zuì yǒu rénqì de shāngpǐn.

長持ちします。

ジィンジウ ナイヨン.

经久 耐用。

Jīngjiǔ nàiyòng.

一生ものです。

ネゥン ヨン イィベイヅ.

能 用 一辈子。

Néng yòng yíbèizi.

 直訳すると「一生涯もつ」という意味です。

定番です。

ヂョァ シー チャァングゥイ シャァンピン.

这 是 常规 商品。

Zhè shì chángguī shāngpǐn.

ロングセラーです。

チェイガ　シアオリアン　イィヂー　ヘン　ハオ.

这个　销量　一直　很　好。

Zhèige xiāoliàng yìzhí hěn hǎo.

最新モデルです。

ヂョァ　シー　ヅゥイ　シン　クワンシー.

这　是　最　新　款式。

Zhè shì zuì xīn kuǎnshì.

限定モデルです。

ヂョァ　シー　シエンディン　シャァンピン.

这　是　限定　商品。

Zhè shì xiàndìng shāngpǐn.

日本限定の商品です。

ヂョァ　シー　ヂー　ヅァイ　リーベン　シアオショウ　ダ　シャァンピン.

这　是　只　在　日本　销售　的　商品。

Zhè shì zhǐ zài Rìběn xiāoshòu de shāngpǐn.

<u>期間／季節</u>限定の商品です。

ヂョァ　シー　チィジエン/ジィジエ　シエンディン　ダ　シャァンピン.

这　是　<u>期间/季节</u>　限定　的　商品。

Zhè shì qījiān/jìjié xiàndìng de shāngpǐn.

賞味期限が近いので、お安くしております。

バオシエンチィ　クワイ　ダオ　ラ,

保鲜期　快　到　了，

スゥオイィ　ウオメン　ジアンジア　シアオショウ.

所以　我们　降价　销售。

Bǎoxiānqī kuài dào le, suǒyǐ wǒmen jiàngjià xiāoshòu.

褒める

MP3
074

お似合いになりますね。

ヂェイ ジエン イィフ ヘン シーホァ ニン.

这 件 衣服 很 适合 您。

Zhèi jiàn yīfu hěn shìhé nín.

 「どちらもお似合いですね」なら、"您穿哪一件都好看/ニン チュワン ナァ
イィ ジエン ドウ ハオカン/nín chuān nǎ yí jiàn dōu hǎokàn" となります。

センスが良いですね。

ニン ヂェン ホゥイ シュエン.

您 真 会 选。

Nín zhēn huì xuǎn.

洋服の着こなしがすごくお上手ですね。

ニン ヂェン ホゥイ チュワン イィフ.

您 真 会 穿 衣服。

Nín zhēn huì chuān yīfu.

弊社のブランドがよくお似合いになりますね。

ニン チュワン ウオメン ゴォンスー ダ フゥヂュアン ヘン ハオカン.

您 穿 我们 公司 的 服装 很 好看。

Nín chuān wǒmen gōngsī de fúzhuāng hěn hǎokàn.

 "公司"の前に自分の会社名を当てはめて使うこともできます。

お客様の雰囲気にぴったりですね。

チェイ ジエン イィフ ゲン ニン ヘン ペイ.

这 件 衣服 跟 您 很 配。

Zhèi jiàn yīfu gēn nín hěn pèi.

 "您穿着真好看/ニン チュワンジャ ヂェン ハオカン/nín chuānzhe zhēn hǎokàn"、または"很衬你/ヘン チェン ニィ/hěn chèn nǐ"という表現も一般的です。

イメージがガラリと変わりましたね。

ゲイ ロェン ダ ガンジュエ ワンチュエン ブゥ イィヤン ラ.

给 人 的 感觉 完全 不 一样 了。

Gěi rén de gǎnjué wánquán bù yíyàng le.

③
販売業

MP3 075

その他の褒め表現

● 華やかですね。	看上去真华丽。	カンシャアンチュ ヂェン ホワリィ.	kànshangqu zhēn huálì.
● かっこいいですね。	真帅。	ヂェン シュワイ.	Zhēn shuài.
● 上品ですね。	真是优雅美丽啊。	ヂェン シー ヨウヤァ メイリィ ア.	Zhēn shì yōuyǎ měilì a.
● 人を強く引き付ける魅力がありますね。	魅力真是不一般的。	メイリィ ヂェン シー ブゥ イィバン ダ.	Mèilì zhēn shì bù yibān de.
● オーラがありますね。	散发出一种吸引人的氛围。	サンファアチュウ イィ ヂォン シィイン ロェン ダ フェンウェイ.	Sànfāchū yì zhǒng xīyìn rén de fēnwéi.
● 個性的で素晴らしいですね。	风格独特，太美了。	フォングァ ドゥトァ, タイ メイ ラ.	Fēnggé dútè, tài měi le.
● 垢抜けて見えますね。	看上去文雅不俗气。	カンシャアンチュ ウェンヤァ ブゥ スゥチィ.	Kànshangqu wényǎ bù súqì.
● 凛として見えますね。	看上去很有尊严。	カンシャアンチュ ヘン ヨウ ヅンイエン	Kànshangqu hěn yǒu zūnyán.
● おしゃれですね。	您真时髦。	ニン ヂェン シーマオ.	Nín zhēn shímáo.

131

それ、私も使っていますがおすすめです。

ウオ　ゲイ　ニン　トゥイジエン　チェイ　クワン，ウオ　イエ　ヅァイ　ヨン.

我 给 您 推荐 这 款，我 也 在 用。

Wǒ gěi nín tuījiàn zhèi kuǎn, wǒ yě zài yòng.

それ、私は色違いを持っていますが、すごく良いです。

チェイガ　ヘン　ハオヨン　ダ，ウオ　ヨウ　イィ　ガ　ブゥ

这个 很 好用 的，我 有 一 个 不

トォン　イエンスァ　ダ.

同 颜色 的。

Zhèige hěn hǎoyòng de, wǒ yǒu yí ge bù tóng yánsè de.

私でしたらこちらを選びますね。

ロゥグゥオ　シー　ウオ，ウオ　ホゥイ　シュエン　チェイガ　ダ.

如果 是 我，我 会 选 这个 的。

Rúguǒ shì wǒ, wǒ huì xuǎn zhèige de.

こちらの方が、お客様の雰囲気に合っていると思います。

ウオ　ジュエダ　チェイ　ジエン　ビィジアオ　シーホァ　ニン.

我 觉得 这 件 比较 适合 您。

Wǒ juéde zhèi jiàn bǐjiào shìhé nín.

こちらも似合いそうですね。

ニン　チュワン　チェイ　ジエン　イエ　ブゥツゥオ　ダ.

您 穿 这 件 也 不错 的。

Nín chuān zhèi jiàn yě búcuò de.

お気に召すものが見つかって良かったです。

ヘン　ガオシィン　ニン　ヂャオダオラ　ヅージィ　シィホワン　ダ　ドォンシ.

很 高兴 您 找到了 自己 喜欢 的 东西。

Hěn gāoxìng nín zhǎodàole zìjǐ xǐhuan de dōngxi.

残念ながら、そちらは試着できません。

ヘン　バオチエン,　ネイ　ジエン　ブゥ　ネゥン　シーチュワン.
很　抱歉，那　件　不　能　试穿。
Hěn bàoqiàn, nèi jiàn bù néng shìchuān.

 洋服ではなく、ピアスなどを試しに付けてみようとしているお客様に、ご遠慮いただく場合には"不能试戴/ブゥ　ネゥン　シーダイ/bù néng shìdài"と言いましょう。

靴をお脱ぎください。

チィン　バァ　シエ　トゥオディアオ.
请　把　鞋　脱掉。
Qǐng bǎ xié tuōdiào.

 屋内に土足で入る習慣のある国では、試着室も土足で問題ない場合があります。あらかじめ留意しておくとよいでしょう。

店内に飲食物を持ち込まないでください。

ディエン　ネイ　ブゥ　ユィンシュィ　ヅーダイ　シーウゥ　ホァ　インリアオ.
店　内　不　允许　自带　食物　和　饮料。
Diàn nèi bù yǔnxǔ zìdài shíwù hé yǐnliào.

食品衛生上の理由から、こちらはお持ち帰りできません。

シュウユィ　シーピン　アンチュエン　カオリュィ,
出于　食品　安全　考虑，
チェイシエ　シーウゥ　ブゥ　ネゥン　ワイダイ.
这些　食物　不　能　外带。
Chūyú shípǐn ānquán kǎolǜ, zhèixiē shíwù bù néng wàidài.

在庫を確認しますので、少々お待ちください。

ウオ　チュイ　チャア　イ　チャア　クゥツン，チィン　ニン　シャオ　デゥン.

我 去 查 一 查 库存，请 您 稍 等。

Wǒ qù chá yi chá kùcún, qǐng nín shāo děng.

在庫は出ているだけです。

スゥオヨウ　ダ　シャァンピン　ドウ　ヅァイ　ヂョアリ　ラ.

所有 的 商品 都 在 这里 了。

Suǒyǒu de shāngpǐn dōu zài zhèli le.

新しいものをお出しします。

ウオ　ゲイ　ニン　ナァ　イィ　ジエン　シン　ダ.

我 给 您 拿 一 件 新 的。

Wǒ gěi nín ná yí jiàn xīn de.

こちらは在庫がありません。

ヂェイ　イィ　ジエン　イィジィン　メイヨウ　ツンホゥオ　ラ.

这 一 件 已经 没有 存货 了。

Zhèi yí jiàn yǐjīng méiyǒu cúnhuò le.

似ている商品ならございます。

ヨウ　レイスー　ダ　シャァンピン.

有 类似 的 商品。

Yǒu lèisì de shāngpǐn.

廃棄品なのでお売りできません。

ヂョア　シー　フェイピン，ブゥ　ネゥン　マイ.

这 是 废品，不 能 卖。

Zhè shì fèipǐn, bù néng mài.

こちらは完売です。

<ruby>这<rt>ヂェイ</rt></ruby> <ruby>款<rt>クワン</rt></ruby> <ruby>已经<rt>イィジィン</rt></ruby> <ruby>全部<rt>チュエンブゥ</rt></ruby> <ruby>卖完<rt>マイワン</rt></ruby> <ruby>了<rt>ラ</rt></ruby>。

这 款 已经 全部 卖完 了。

Zhèi kuǎn yǐjīng quánbù màiwán le.

 "全部"(完全に)は、売り切れたことををを強調するもので、入れなくても意味は変わりません。

入荷に2、3日お時間がかかります。

进货 需要 两 三 天。

Jìnhuò xūyào liǎng sān tiān.

再入荷日は9月1日です。

下次 进货 是 9月 1 号。

Xiàcì jìnhuò shì jiǔyuè yī hào.

いつ入荷できるかわかりません。

什么 时候 能 进货，现在 还 不 知道。

Shénme shíhou néng jìnhuò, xiànzài hái bù zhīdao.

ただ今、入荷待ちです。

等待 进货。

Děngdài jìnhuò.

入荷したらご連絡いたします。

シャァンピン　ダオホゥオ　ホウ，　ウオメン　　トォンヂー　ニン.

商品　到货　后，我们　通知　您。

Shāngpǐn dàohuò hòu, wǒmen tōngzhī nín.

旅行中のお客様には、"您住在哪家酒店?／ニン　ヂュウヅァイ　ナァ　ジア
ジウディエン?／Nín zhùzài nǎ jiā jiǔdiàn?"（どちらのホテルに滞在されてい
ますか?）、"您在日本要待到什么时候?／ニン　ヅァイ　リーベン　ヤオ　ダ
イダオ　シェンマ　シーホウ?／Nín zài Rìběn yào dāidào shénme shíhou?"
（いつまで日本にいらっしゃいますか?）と尋ねてもよいでしょう。

オーダー品はキャンセルできません。

ディンヂー　ダ　　シャァンピン　ブゥ　ネゥン　チュィシアオ　ディンダン.

定制　的　商品　不　能　取消　订单。

Dìngzhì de shāngpǐn bù néng qǔxiāo dìngdān.

カスタムオーダーは受け付けておりません。

ウオメン　　ブゥ　　ティーゴォン　スーロェン　ディンヂー　フゥウゥ.

我们　不　提供　　私人　定制　服务。

Wǒmen bù tígōng sīrén dìngzhì fúwù.

お取り置きしますか?

ヂェイ　ジエン　シュィヤオ　ゲイ　　ニン　　リウヂャ　マ?

这　件　需要　给　您　留着　吗?

Zhèi jiàn xūyào gěi nín liúzhe ma?

当店では1週間お取り置きができます。

ベンディエン　クァイィ　ウェイ　ニン　バオリウ　イィ　シィンチィ.

本店　可以　为　您　保留　一　星期。

Běndiàn kěyǐ wèi nín bǎoliú yì xīngqī.

他店に在庫があればお取り寄せします。

チィタァ　フェンディエン　ロゥグゥオ　ヨウ　ホゥオ,
其他　分店　如果　有　货,

ウオメン　クァイィ　ウェイ　ニン　ディアオホゥオ.
我们　可以　为　您　调货。

Qítā fēndiàn rúguǒ yǒu huò, wǒmen kěyǐ wèi nín diàohuò.

お支払いは本日、またはお引き取り日のどちらになさいますか？

ニン　シー　ジンティエン　フゥクワン,
您　是　今天　付款,

ハイシ　ナァダオ　シャァンピン　ホウ　ヅァイ　フゥ　ナ?
还是　拿到　商品　后　再　付　呢?

Nín shì jīntiān fùkuǎn, háishi nádào shāngpǐn hòu zài fù ne?

こちらの商品は品薄です。

ヂェイガ　シャァンピン　ヘン　チアンショウ.
这个　商品　很　抢手。

Zhèige shāngpǐn hěn qiǎngshǒu.

お1人様1点限りです。

メイ　ロェン　シエン　ゴウ　イィ　ジエン.
每人　限　购　一　件。

Měirén xiàn gòu yí jiàn.

その商品はお取り扱いしておりません。

ベイディエン　メイヨウ　ヂェイ　クワン　シャァンピン.
本店　没有　这　款　商品。

Běndiàn méiyǒu zhèi kuǎn shāngpǐn.

こちらにご連絡先をご記入ください。

チィン　バァ　ニン　ダ　リエンシィ　ファアンシー　シエヅァイ　ヂョァリ.
请　把　您　的　联系　方式　写在　这里。

Qǐng bǎ nín de liánxì fāngshì xiězài zhèli.

免税品（消費税）を扱う

免税をご希望の方は、販売員までお声掛けください。

ロゥグゥオ　シュイヤオ　ミエンシュイ，
如果　需要　免税，

チィン　ゲン　ショウホゥオユエン　シュオ　イィ　ション．
请　跟　售货员　说　一　声。

Rúguǒ xūyào miǎnshuì, qǐng gēn shòuhuòyuán shuō yì shēng.

 ここで言う免税とは、外国人旅行者向けの"消費税／シアオフェイシュイ／
xiāofèishuì"（消費税）の免除・払い戻しのことです。

税抜き5,001円以上のお買い上げで免税になります。

ブゥ　ハン　シュイ　シアオフェイ　チャオグゥオ　ウゥチエン　リーユエン　ジィ
不　含　税　消费　超过　5000　日元　即

クァ　トゥイシュイ．
可　退税。

Bù hán shuì xiāofèi chāoguò wǔqiān Rìyuán jí kě tuìshuì.

 ここでご紹介しているのは、いったん税込みで支払った後、免税カウンター
で払い戻しを受ける（退税／トゥイシュイ／tuìshuì）ケースの説明です。

免税をご希望の方は、専用レジへお願いします。

シィワァン　ミエンシュイ　ダ　グゥクァ，
希望　免税　的　顾客，

チィン　ダオ　ヂュワンヨン　ショウインジィ　フゥクワン．
请　到　专用　收银机　付款。

Xīwàng miǎnshuì de gùkè, qǐng dào zhuānyòng shōuyínjī fùkuǎn.

ここで言っているのは、消費税8％を含まない金額を免税レジで直接支払う
方式です。

あと1,500円分のお買い上げで免税となります。

ニン　ヅァイ　マイ　イィチエンウゥバイ　リーユエン　ダ　ドォンシ
您 再 买 1500 日元 的 东西

ジウ　クァイィ　ミエンシュイ　ラ.
就 可以 免税 了。

Nín zài mǎi yìqiānwǔbǎi Rìyuán de dōngxi jiù kěyǐ miǎnshuì le.

免税の手続きをなさいますか？

ニン　ヤオ　バン　ミエンシュイ　ショウシュイ　マ?
您 要 办 免税 手续 吗?

Nín yào bàn miǎnshuì shǒuxù ma?

レジに一緒に来てください。

チィン　ゲン　ウオ　イィチィ　チュイ　ショウインタイ.
请 跟 我 一起 去 收银台。

Qǐng gēn wǒ yìqǐ qù shōuyíntái.

出国するまで開封しないでください。

チュウグゥオ　チエン　チィン　ブゥヤオ　ダァカイ　フォンコウ.
出国 前 请 不要 打开 封口。

Chūguó qián qǐng búyào dǎkāi fēngkǒu.

パスポートをご提示いただけますか？

クァイィ　カン　イィシア　ニン　ダ　ホゥヂャオ　マ?
可以 看 一下 您 的 护照 吗?

Kěyǐ kàn yíxià nín de hùzhào ma?

当店は免税店ではありません。

ベンディエン　ブゥ　シー　ミエンシュイディエン.
本店 不 是 免税店。

Běndiàn bú shì miǎnshuìdiàn.

値引き交渉に対応する

現金なら割引可能です。

フゥ　シエンジン　クァイィ　ダァヂョァ.
付　現金　可以　打折。
Fù xiànjīn kěyǐ dǎzhé.

店長に確認させてください。

ウオ　チュィ　ウェン　イィシア　ディエンヂァァン.
我　去　问　一下　店长。
Wǒ qù wèn yíxià diànzhǎng.

これ以上安くなりません。

ブゥ　ネゥン　ヅァイ　ピエンイ　ラ.
不　能　再　便宜　了。
Bù néng zài piányi le.

限界ギリギリです。

ヂョァ　イィジィン　シー　ヅゥイ　ディー　ジア　ラ.
这　已经　是　最　低　价　了。
Zhè yǐjīng shì zuì dī jià le.

値引きできません。

ブゥ　ネゥン　ジアンジア.
不　能　降价。
Bù néng jiàngjià.

包装方法を尋ねる

贈り物ですか、それともご自宅用ですか？

ヂョァ　シー　　リィピン　　ハイシ　　　ニン　　ヅージィ　ヨン？

这 是 礼品 还是 您 自己 用?

Zhè shì lǐpǐn háishi nín zìjǐ yòng?

小分けの袋は必要ですか？

シュィヤオ　フェンヂュアン　ダ　　シアオ　ダイヅ　　マ？

需要 分装 的 小 袋子 吗?

Xūyào fēnzhuāng de xiǎo dàizi ma?

 「何枚ですか？」と聞きたい場合は"要几个?/ヤオ ジィ ガ?/Yào jǐ ge?"と言いましょう。

お土産用の袋は必要ですか？

シュィヤオ　リィピンダイ　　マ？

需要 礼品袋 吗?

Xūyào lǐpǐndài ma?

プレゼントを個別にお包みしましょうか？

リィピン　　ヤオ　　フェンカイ　バオヂュアン　マ？

礼品 要 分开 包装 吗?

Lǐpǐn yào fēnkāi bāozhuāng ma?

プレゼント包装は300円です。

リィピン　　バオヂュアンフェイ　シー　　サンバイ　　リーユエン.

礼品 包装费 是 300 日元。

Lǐpǐn bāozhuāngfèi shì sānbǎi Rìyuán.

❸ 販売業

141

リボンをおかけしましょうか？

ヤオ ヅァイ シャァンミエン ジィ イィ ティアオ ツァイダイ マ？
要 在 上面 系 一 条 彩带 吗?
Yào zài shàngmian jì yì tiáo cǎidài ma?

今すぐお使いになりますか？

ニン シエンヅァイ ジウ ヨン マ？
您 现在 就 用 吗?
Nín xiànzài jiù yòng ma?

値札は付いたままでよろしいですか？

ジアグァ ビアオチエン ヤオ リウヂャ マ？
价格 标签 要 留着 吗?
Jiàgé biāoqiān yào liúzhe ma?

テープを貼るのみでよろしいですか？

ブゥ ヂュアン ダイ ヂー ティエ ジアオダイ ファイイ マ？
不 装 袋 只 贴 胶带 可以 吗?
Bù zhuāng dài zhǐ tiē jiāodài kěyǐ ma?

 中国ではお買い上げいただいた印としてテープを貼る習慣はありません。"这是已付款的标志／ヂョァ シー イィ フゥクワン ダ ビアオヂー/zhè shì yǐ fùkuǎn de biāozhì"（お買い上げの証明です）とお伝えしてもよいでしょう。

袋／箱にお入れしてよろしいですか？

ヂュアンヅァイ ダイヅ／シアンヅ リ, ファイイ マ？
装在 袋子/箱子 里, 可以 吗?
Zhuāngzài dàizi/xiāngzi li, kěyǐ ma?

袋は１つでよろしいですか？

ニン ヂーヤオ イィ ガ ゴウウゥダイ マ？
您 只要 一 个 购物袋 吗?
Nín zhǐyào yí ge gòuwùdài ma?

温かいものと冷たいものは、別々の袋にしますか？

<ruby>冷<rt>レゥンロァ</rt></ruby><ruby>热<rt></rt></ruby> <ruby>商品<rt>シャァンピン</rt></ruby> <ruby>要<rt>ヤオ</rt></ruby> <ruby>分开<rt>フェンカイ</rt></ruby> <ruby>装<rt>ヂュアン</rt></ruby> <ruby>吗<rt>マ?</rt></ruby>?

冷热 商品 要 分开 装 吗?

Lěngrè shāngpǐn yào fēnkāi zhuāng ma?

（品物を）一緒の袋に入れて良いですか？

<ruby>把<rt>バァ</rt></ruby> <ruby>这些<rt>ヂェイシエ</rt></ruby> <ruby>东西<rt>ドォンシ</rt></ruby> <ruby>装在<rt>ヂュアンヅァイ</rt></ruby> <ruby>一<rt>イィ</rt></ruby> <ruby>个<rt>ガ</rt></ruby> <ruby>袋子<rt>ダイヅ</rt></ruby> <ruby>里<rt>リ</rt></ruby>,

把 这些 东西 装在 一 个 袋子 里,

<ruby>可以<rt>クァイィ</rt></ruby> <ruby>吗<rt>マ?</rt></ruby>?

可以 吗?

Bǎ zhèixiē dōngxi zhuāngzài yí ge dàizi li, kěyǐ ma?

二重包装いたしますね。

<ruby>我<rt>ウオ</rt></ruby> <ruby>给<rt>ゲイ</rt></ruby> <ruby>您<rt>ニン</rt></ruby> <ruby>包<rt>バオ</rt></ruby> <ruby>两<rt>リアン</rt></ruby> <ruby>层<rt>ツゥン</rt></ruby>。

我 给 您 包 两 层。

Wǒ gěi nín bāo liǎng céng.

気泡緩衝材でお包みしますね。

<ruby>我<rt>ウオ</rt></ruby> <ruby>用<rt>ヨン</rt></ruby> <ruby>气泡膜<rt>チィパオモォ</rt></ruby> <ruby>给<rt>ゲイ</rt></ruby> <ruby>您<rt>ニン</rt></ruby> <ruby>包装<rt>バオヂュアン</rt></ruby>。

我 用 气泡膜 给 您 包装。

Wǒ yòng qìpàomó gěi nín bāozhuāng.

雨よけのカバーをお付けしましょうか？

<ruby>上面<rt>シャァンミエン</rt></ruby> <ruby>要<rt>ヤオ</rt></ruby> <ruby>包<rt>バオ</rt></ruby> <ruby>一<rt>イィ</rt></ruby> <ruby>个<rt>ガ</rt></ruby> <ruby>防雨袋<rt>ファアンユィダイ</rt></ruby> <ruby>吗<rt>マ?</rt></ruby>?

上面 要 包 一 个 防雨袋 吗?

Shàngmian yào bāo yí ge fángyǔdài ma?

袋を１つにおまとめしましょうか？

<ruby>把<rt>バァ</rt></ruby> <ruby>您<rt>ニン</rt></ruby> <ruby>的<rt>ダ</rt></ruby> <ruby>几<rt>ジィ</rt></ruby> <ruby>个<rt>ガ</rt></ruby> <ruby>袋子<rt>ダイヅ</rt></ruby> <ruby>都<rt>ドウ</rt></ruby> <ruby>装在<rt>ヂュアンヅァイ</rt></ruby>

把 您 的 几 个 袋子 都 装在

<ruby>一起<rt>イィチィ</rt></ruby> <ruby>吧<rt>バ?</rt></ruby>?

一起 吧?

Bǎ nín de jǐ ge dàizi dōu zhuāngzài yìqǐ ba?

持ち帰り時の配慮をする

生ものですので、お早めにお召し上がりください。

ヂョァ　シー　ションシエン　シーピン，チィン　ジンヅァオ　シーヨン.
这　是　生鲜　食品，请　尽早　食用。
Zhè shì shēngxiān shípǐn, qǐng jǐnzǎo shíyòng.

2時間以内にお召し上がりください。

チィン　ヅァイ　リアン　シアオシー　イィネイ　シーヨン.
请　在　两　小时　以内　食用。
Qǐng zài liǎng xiǎoshí yǐnèi shíyòng.

お日持ちは本日中です。

チィン　ヅァイ　ジンティエン　ネイ　シーヨン.
请　在　今天　内　食用。
Qǐng zài jīntiān nèi shíyòng.

要冷蔵です。

シュィヤオ　レゥンツァァン.
需要　冷藏。
Xūyào lěngcáng.

常温で保存してください。

チィン　チャァンウェン　バオツン.
请　常温　保存。
Qǐng chángwēn bǎocún.

144

お持ち歩きのお時間はどれくらいですか？

ニン　ダイホゥイチュ　シュィヤオ　ドゥオチャァン　シージエン？

您　带回去　需要　多长　时间?

Nín dàihuiqu xūyào duōcháng shíjiān?

賞味期限は7日間です。

バオシエンチィ　シー　チィ　ティエン．

保鲜期　是　七　天。

Bǎoxiānqi shì qī tiān.

保冷剤をお付けしますか？

シュィヤオ　ファアン　イィ　ガ　バオレゥンダイ　マ？

需要　放　一　个　保冷袋　吗?

Xūyào fàng yí ge bǎolěngdài ma?

 "干冰／ガンビィン／gānbīng"（ドライアイス）と言うこともあります。

❸ 販売業

保冷剤の効果は1時間半です。

バオレゥンダイ　ダ　バオレゥン　シーシアオ　シー　イィ　ガ　バン

保冷袋　的　保冷　时效　是　一　个　半

シアオシー．

小时。

Bǎolěngdài de bǎolěng shíxiào shì yí ge bàn xiǎoshí.

壊れやすいので気を付けてください。

ダァンシン　イィ　スゥイ．

当心　易　碎。

Dāngxin yì suì.

 "易碎"は主にお皿などの割れ物に対して使われます。ケーキなどの食べ物が「くずれやすい」と言いたい場合は、"易碎"の代わりに"容易变形／ロォンイィビエンシィン／róngyì biànxíng"を使ってください。

配送方法を尋ねる

ご配送されますか？ お持ち帰りになりますか？

ヤオ　ペイソォン　ハイシ　ニン　ヅージィ　ダイホゥイチュ　ナ?
要 配送 还是 您 自己 带回去 呢?
Yào pèisòng háishi nín zìjǐ dàihuiqu ne?

送料は480円です。

ュィンフェイ　シー　スーバイバァシー　リーユエン.
运费 是 480 日元。
Yùnfèi shì sìbǎibāshí Rìyuán.

品物は、宅配便で約1週間で届きます。

シャァンピン　チャイペイソォン　ダァガイ　ヤオ　イィ　ガ　シィンチィ.
商品 宅配送 大概 要 一 个 星期。
Shāngpǐn zháipèisòng dàgài yào yí ge xīngqī.

お届けは最速で8月8日です。

ヅゥイ　クワイ　バァユエ　バァ　ハオ　ネゥン　ソォンダオ.
最 快 8月 8 号 能 送到。
Zuì kuài bāyuè bā hào néng sòngdào.

海外配送は行っていません。

ウオメン　メイヨウ　ハイワイ　ペイソォン　イエウゥ.
我们 没有 海外 配送 业务。
Wǒmen méiyǒu hǎiwài pèisòng yèwù.

 海外配送を行っている場合は、"有海外配送业务/ヨウ　ハイワイ　ペイソォ
ン　イエウゥ/yǒu hǎiwài pèisòng yèwù"と言います。

修理・返品について説明する

返品・交換の際は、1週間以内にレシートと一緒にお持ちください。

<ruby>要<rt>ヤオ</rt></ruby> <ruby>退換<rt>トゥイホワン</rt></ruby> <ruby>时<rt>シー</rt></ruby>，<ruby>请<rt>チィン</rt></ruby> <ruby>在<rt>ヅァイ</rt></ruby> <ruby>一<rt>イィ</rt></ruby> <ruby>周<rt>ヂョウ</rt></ruby> <ruby>以内<rt>イィネイ</rt></ruby> <ruby>拿着<rt>ナァヂャ</rt></ruby>
<ruby>商品<rt>シャァンピン</rt></ruby> <ruby>和<rt>ホァ</rt></ruby> <ruby>购物<rt>ゴウウゥ</rt></ruby> <ruby>小票<rt>シアオピアオ</rt></ruby> <ruby>来<rt>ライ</rt></ruby> <ruby>办理<rt>バンリィ</rt></ruby>。

Yào tuìhuàn shí, qǐng zài yì zhōu yǐnèi názhe shāngpǐn hé gòuwù xiǎopiào lái bànlǐ.

こちらは、日本国内でのみメーカー保証を受けられます。

<ruby>本<rt>ベン</rt></ruby> <ruby>商品<rt>シャァンピン</rt></ruby> <ruby>的<rt>ダ</rt></ruby> <ruby>售后<rt>ショウホウ</rt></ruby> <ruby>保修<rt>バオシウ</rt></ruby> <ruby>仅<rt>ジン</rt></ruby> <ruby>限<rt>シエン</rt></ruby> <ruby>日本<rt>リーベン</rt></ruby>
<ruby>国内<rt>グゥオネイ</rt></ruby>。

Běn shāngpǐn de shòuhòu bǎoxiū jǐn xiàn Rìběn guónèi.

こちらは、世界中でメーカー保証を受けられます。

<ruby>本<rt>ベン</rt></ruby> <ruby>商品<rt>シャァンピン</rt></ruby> <ruby>能<rt>ネゥン</rt></ruby> <ruby>享受<rt>シアンショウ</rt></ruby> <ruby>全球<rt>チュエンチウ</rt></ruby> <ruby>售后<rt>ショウホウ</rt></ruby> <ruby>保修<rt>バオシウ</rt></ruby>。

Běn shāngpǐn néng xiǎngshòu quánqiú shòuhòu bǎoxiū.

返品は全店でできます。

<ruby>退货<rt>トゥイホゥオ</rt></ruby> <ruby>可以<rt>クァイィ</rt></ruby> <ruby>在<rt>ヅァイ</rt></ruby> <ruby>任何<rt>ロェンホァ</rt></ruby> <ruby>一<rt>イィ</rt></ruby> <ruby>个<rt>ガ</rt></ruby> <ruby>分店<rt>フェンディエン</rt></ruby> <ruby>办理<rt>バンリィ</rt></ruby>。

Tuìhuò kěyǐ zài rènhé yí ge fēndiàn bànlǐ.

❸
販売業

不良品以外は、返品・交換できません。

チュウラ　ヨウ　ヂーリアン　チュエシエン,
除了　有　质量　缺陷,

ショウチュウ　シャンピン　イィガイ　ブゥ　ネゥン　トゥイホワン.
售出　商品　一概　不　能　退换。

Chúle yǒu zhìliàng quēxiàn, shòuchū shāngpǐn yígài bù néng tuìhuàn.

開封後の品物の返品は承っておりません。

ダァカイグゥオ　ダ　シャァンピン,　シュウ　ブゥ　ジエショウ　トゥイホゥオ.
打开过　的　商品,　恕　不　接受　退货。

Dǎkāiguo de shāngpǐn, shù bù jiēshòu tuìhuò.

洗濯した商品はご返品いただけません。

シィディーグゥオ　ダ　シャァンピン　ブゥ　ネゥン　トゥイ.
洗涤过　的　商品　不　能　退。

Xǐdíguo de shāngpǐn bù néng tuì.

こちらはメーカー保証書です。レシートと一緒に保管してください。

ヂョァ　シー　チャァンジア　ヂーリアン　バオヂョンシュウ,
这　是　厂家　质量　保证书,

チィン　ユィ　ゴウウゥ　シアオピアオ　イィチィ　バオグワン.
请　与　购物　小票　一起　保管。

Zhè shì chǎngjiā zhìliàng bǎozhèngshū, qǐng yǔ gòuwù xiǎopiào yìqǐ bǎoguǎn.

こちらは2年間保証です。

ベン　シャァンピン　ダ　バオシウチィ　シー　リアン　ニエン.
本　商品　的　保修期　是　两　年。

Běn shāngpǐn de bǎoxiūqī shì liǎng nián.

購入後1年間、無償で修理いたします。

ゴウマイ　ホウ　イィ　ニエン　ネイ　ミエンフェイ　シウリィ.
购买　后　一　年　内　免费　修理。
Gòumǎi hòu yì nián nèi miǎnfèi xiūlǐ.

修理代は1,000円です。

シウリィフェイ　シー　イィチエン　リーユエン.
修理费　是　1000　日元。
Xiūlǐfèi shì yìqiān Rìyuán.

お受け取りは、水曜日の午後5時以降になります。

シィンチィサン　シアウゥ　ウゥ　ディエン　イィホウ　ジアオホゥオ.
星期三　下午　5　点　以后　交货。
Xīngqīsān xiàwǔ wǔ diǎn yǐhòu jiāohuò.

こちらは当店では修理できません。

デェイガ　ベンディエン　ウゥファア　シウリィ.
这个　本店　无法　修理。
Zhèige běndiàn wúfǎ xiūlǐ.

メーカーに修理の依頼をいたしましょうか？

シュィヤオ　ウェイトゥオ　チァァンジア　シウリィ　マ?
需要　委托　厂家　修理　吗?
Xūyào wěituō chǎngjiā xiūlǐ ma?

お掛けになってお待ちください。

チィン ニン ヅゥオヂャ シャオ デゥン.
请 您 坐着 稍 等。

Qǐng nín zuòzhe shāo děng.

店内をご覧になってお待ちください。

ニン クァイィ リィヨン デゥンダイ ダ シージエン ヅァイ
您 可以 利用 等待 的 时间 在

ディエンネイ ヂュワンヂュワン.
店内 转转。

Nín kěyǐ lìyòng děngdài de shíjiān zài diànnèi zhuànzhuan.

5分後にお呼びしますので、引換券をご用意ください。

ウゥ フェンヂォン ホウ ウオ ホゥイ ジアオ ニン,
五 分钟 后 我 会 叫 您,

チィン ニン ヂュンベイハオ ピィンヂョン.
请 您 准备好 凭证。

Wǔ fēnzhōng hòu wǒ huì jiào nín, qǐng nín zhǔnbèihǎo píngzhèng.

番号札をお渡ししますので、番号が呼ばれたらサービスカウンターにてお出しください。

ヂョァ シー ハオマァパイ, ホゥジアオ ヂェイガ ハオマァ シー
这 是 号码牌, 呼叫 这个 号码 时

チィン バァ タァ ジアオダオ フゥウゥタイ.
请 把 它 交到 服务台。

Zhè shì hàomǎpái, hūjiào zhèige hàomǎ shí qǐng bǎ tā jiāodào fúwùtái.

150

普段はどのような服装が多いですか？

ニン　ピィンシー　チャァン　チュワン　シェンマヤン　ダ　フゥヂュアン　ナ?

您 平时 常 穿 什么样 的 服装 呢?

Nín píngshí cháng chuān shénmeyàng de fúzhuāng ne?

好きなデザインはありますか？

ニン　ヨウ　シェンマ　シィホワン　ダ　クワンシー　マ?

您 有 什么 喜欢 的 款式 吗?

Nín yǒu shénme xǐhuan de kuǎnshì ma?

③
販売業

フリーサイズです。

ヂョァ　シー　ジュィンマァ　ダ.

这 是 均码 的。

Zhè shì jūnmǎ de.

アイロンなしでOKです。

ブゥ　ヨン　ユィンタァン.

不 用 熨烫。

Bú yòng yùntàng.

3〜5歳用です。

ヂョァ　シー　サン　スゥイ　ダオ　ウゥ　スゥイ　アルトォン　チュワン　ダ.

这 是 3 岁 到 5 岁 儿童 穿 的。

Zhè shì sān suì dào wǔ suì értóng chuān de.

「3歳以上」であれば"3岁到5岁"の部分を"3岁以上/サン　スゥイ　イィシャァン/sān suì yǐshàng"に、"3歳以下"であれば"3岁以下/サン　スゥイ　イィシア/sān suì yǐxià"に変えます。

コーディネートしやすいです。

ビィジアオ ロォンイィ ダァペイ.
比较 容易 搭配。
Bǐjiào róngyì dāpèi.

夏に合っていますね。

チェイ ジエン シーホァ シアティテン チュワン バ.
这 件 适合 夏天 穿 吧。
Zhèi jiàn shìhé xiàtiān chuān ba.

オールシーズン着られます。

スージィ ドウ ネゥン チュワン.
四季 都 能 穿。
Sìjì dōu néng chuān.

こちらを先にお召しになりませんか？

ニン シエン シーシ チェイ ジエン ハオ マ?
您 先 试试 这 件 好 吗?
Nín xiān shìshi zhèi jiàn hǎo ma?

試着室へのお洋服の持ち込みは3点までです。

ダイジン シーイィジエン ダ イィフ ブゥ ネゥン チャオグゥオ
带进 试衣间 的 衣服 不 能 超过
サン ジエン.
三 件。
Dàijìn shìyìjiān de yīfu bù néng chāoguò sān jiàn.

着心地[付け心地]はいかがですか？

ニン チュワンヂャ ガンジュエ ヅェンマヤン?
您 穿着 感觉 怎么样?
Nín chuānzhe gǎnjué zěnmeyàng?

 "怎么样?"だけ、または"您喜欢吗?/ニン シィホワン マ?/Nín xǐhuan ma?"もよく使われます。

フェイスカバーをお使いください。

<ruby>请<rt>チン</rt></ruby> <ruby>使用<rt>シーヨン</rt></ruby> <ruby>护面罩<rt>ホゥミエンヂャオ</rt></ruby>。

请 使用 护面罩。

Qǐng shǐyòng hùmiànzhào.

 外国では、試着時にフェイスカバーを付ける習慣はあまり見られません。試着時にこうお願いするか、貼り紙(p.277 **119** 参照)をしておくとよいでしょう。

お鏡で合わせてみてください。

请 您 对着 镜子 看看 效果。

Qǐng nín duìzhe jìngzi kànkan xiàoguǒ.

❸
販売業

ご試着が終わりましたらお声掛けください。

试穿完 后 请 叫 我。

Shìchuānwán hòu qǐng jiào wǒ.

裾上げいたしましょうか?

需要 收 裤边 吗?

Xūyào shōu kùbiān ma?

 「長さはどれぐらいですか?」は、"要多长的?/ヤオ ドゥオチャァン ダ?/ Yào duōcháng de?"です。「ウエスト」は、"腰围/ヤオウェイ/yāowéi"。

裾上げは1時間でできます。

收 裤边 需要 一 个 小时。

Shōu kùbiān xūyào yí ge xiǎoshí.

● 柔らかい	柔软	ロゥウロワン	róuruǎn
● 粗い、ざらざらした	粗糙	ツゥツァオ	cūcāo
● なめらかな、すべすべした	光滑	グアンホワ	guānghuá
● ふわふわした	软绵绵的	ロワンミエンミエンダ	ruǎnmiánmián de
● きつい	紧	ジン	jǐn
● 緩い	松	ソォン	sōng
● 上品な	优雅的	ヨウヤァ ダ	yōuyǎ de
● しわの寄らない	免熨烫的/不起皱的	ミエン ユィンタァンダ/ブゥ チィ ヂョウ ダ	miǎn yùntàng de/bù qǐ zhòu de
● 形状記憶の	有形状记忆功能的	ヨウ シィンヂュアン ジィイィ ゴォンネゥン ダ	yǒu xíngzhuàng jìyì gōngnéng de
● 張りのある	柔韧	ロォウロェン	róurèn
● 高級感のある	看上去很高级	カンシャァンチュ ヘン ガオジィ	kànshangqu hěn gāojí
● 伸縮性のある	有弹力	ヨウ タンリィ	yǒu tánlì

ケースから出してご覧になりますか？

<ruby>需要<rt>シュィヤオ</rt></ruby> <ruby>从<rt>ツォン</rt></ruby> <ruby>柜台<rt>グゥイタイ</rt></ruby> <ruby>里<rt>リ</rt></ruby> <ruby>拿出来<rt>ナァチュライ</rt></ruby> <ruby>给<rt>ゲイ</rt></ruby> <ruby>您<rt>ニン</rt></ruby> <ruby>看<rt>カン</rt></ruby>
吗？

Xūyào cóng guìtái li náchulai gěi nín kàn ma?

汗に弱いです。使用後は柔らかい布で拭いてください。

<ruby>这<rt>ヂェイ</rt></ruby> <ruby>件<rt>ジエン</rt></ruby> <ruby>首饰<rt>ショウシー</rt></ruby> <ruby>怕<rt>パァ</rt></ruby> <ruby>汗水<rt>ハンスュイ</rt></ruby> <ruby>腐蚀<rt>フゥシー</rt></ruby>，

<ruby>佩戴<rt>ペイダイ</rt></ruby> <ruby>后<rt>ホウ</rt></ruby> <ruby>请<rt>チィン</rt></ruby> <ruby>用<rt>ヨン</rt></ruby> <ruby>软<rt>ロワン</rt></ruby> <ruby>布<rt>ブゥ</rt></ruby> <ruby>擦拭<rt>ツァアシー</rt></ruby>。

Zhèi jiàn shǒushì pà hànshuǐ fǔshí, pèidài hòu qǐng yòng ruǎn bù cāshì.

ヘアスプレーや香水の使用にはお気を付けください。
変色の原因となる可能性があります。

<ruby>发胶<rt>ファアジアオ</rt></ruby> <ruby>和<rt>ホァ</rt></ruby> <ruby>香水<rt>シアンスュイ</rt></ruby> <ruby>会<rt>ホゥイ</rt></ruby> <ruby>使<rt>シー</rt></ruby> <ruby>首饰<rt>ショウシー</rt></ruby> <ruby>变色<rt>ビエンスァ</rt></ruby>，

<ruby>使用<rt>シーヨン</rt></ruby> <ruby>时<rt>シー</rt></ruby> <ruby>请<rt>チィン</rt></ruby> <ruby>注意<rt>ヂュウイィ</rt></ruby>。

Fàjiāo hé xiāngshuǐ huì shǐ shǒushì biànsè, shǐyòng shí qǐng zhùyì.

鑑定[鑑別]書をお作りします。

<ruby>我<rt>ウオ</rt></ruby> <ruby>给<rt>ゲイ</rt></ruby> <ruby>您<rt>ニン</rt></ruby> <ruby>准备<rt>ヂュンベイ</rt></ruby> <ruby>珠宝<rt>ヂュウバオ</rt></ruby> <ruby>鉴定书<rt>ジエンディンシュウ</rt></ruby>。

Wǒ gěi nín zhǔnbèi zhūbǎo jiàndìngshū.

3
販売業

155

● 誕生石	生辰石	ションチェンシー	shēngchénshí
● 天然石	天然石	ティエンロァンシー	tiānránshí
● 人工石	人造石	ロェンヅァオシー	rénzàoshí
● 貴石	宝石	バオシー	bǎoshí
● 半貴石	半宝石	バンバオシー	bànbǎoshí
● 金	黄金	ホアンジン	huángjīn
● 18金	18K金	シーバァケイジン	shíbā K jīn
● 銀	银	イン	yín
● プラチナ	白金/铂金	バイジン/ボォジン	báijīn/bójīn
● チタン	钛	タイ	tài
● 淡水パール	淡水珍珠	ダンシュイ チェン ヂュウ	dànshuǐ zhēnzhū
● コハク	琥珀	ホゥポォ	hǔpò
● サンゴ	珊瑚	シャンホゥ	shānhú
● ベッコウ	玳瑁	ダイマオ	dàimào
● ヒスイ	翡翠	フェイツゥイ	fěicuì
● 刻印	刻字	クァヅー	kèzì
● メッキ	电镀	ディエンドゥ	diàndù
● 金メッキの	镀金的	ドゥジン ダ	dùjīn de
● 銀メッキの	镀银的	ドゥイン ダ	dùyín de
● 金属アレルギー対応の	皮肤过敏的人也可以佩戴的	ピィフゥ グゥオミン ダ ロェン イェ ファイィ ペイダイ ダ	pífū guòmǐn de rén yě kěyǐ pèidài de
● 産出国	原产国	ユエンチャアングゥオ	yuánchǎnguó

サイズは合っていますか？

ダァシアオ　ホァシー　マ？
大小　合适　吗?
Dàxiǎo héshì ma?

きつ過ぎたりしませんか？

ホゥイ　ブ　ホゥイ　タイ　ジン　ラ？
会　不　会　太　紧　了?
Huì bu huì tài jǐn le?

サイズはいくつですか？

シー　ドゥオダァ　ハオ　ダ？
是　多大　号　的?
Shì duōdà hào de?

どこの国のサイズですか？

シー　ネイガ　グゥオジア ダ　チーマァ　ナ？
是　哪个　国家　的　尺码　呢?
Shì něige guójiā de chǐmǎ ne?

 日本と外国ではサイズ表示が違うケースが多くありますので、"您要试试吗?/ニン　ヤオ　シーシ　マ?/Nín yào shìshi ma?"（お試しになりますか）と試着を薦めてみましょう。

サイズ表をお持ちします。

ウオ　チュイ　ナァ　チーツンビアオ　ライ．
我　去　拿　尺寸表　来。
Wǒ qù ná chǐcùnbiǎo lái.

 日本と主要国のサイズ一覧表を用意しておくと、接客ツールとして活用できます。

157

サイズをお測りしましょうか？

ウオ　ゲイ　ニン　リアンリアン　チーツン　バ？
我 给 您 量量 尺寸 吧?
Wǒ gěi nín liángliang chǐcùn ba?

 洋服の場合、中国では"尺/チー/chǐ"または"厘米/リィミィ/límǐ、公分/ゴォンフェン/gōngfēn"(センチメートル)を単位として使います。1尺は約33cmで、約13インチです。

こちらは、他のものより<u>大きめ</u>／<u>小さめ</u>に作られています。

ヂェイ　クワン　ビィ　チィタァ　シャァンピン　ダ　チーツン
这 款 比 其他 商品 的 尺寸
ダァ　イィディエン／シアオ　イィディエン．
大 一点/小 一点。
Zhèi kuǎn bǐ qítā shāngpǐn de chǐcùn dà yìdiǎn/xiǎo yìdiǎn.

別のサイズがあります。

ヨウ　チィタァ　チーツン　ダ．
有 其他 尺寸 的。
Yǒu qítā chǐcùn de.

通常よりワンサイズ上をおすすめします。

ウオ　トゥイジエン　ニン　シュエン　ビィ　ピィンシー　ダァ　イィ　ハオ
我 推荐 您 选 比 平时 大 一 号
ダ．
的。
Wǒ tuījiàn nín xuǎn bǐ píngshí dà yí hào de.

ワンサイズ<u>上</u>／<u>下</u>をお試しになりませんか？

ニン　シュィヤオ　シーシ　ダァ／シアオ　イィ　ハオ　ダ　マ？
您 需要 试试 大/小 一 号 的 吗?
Nín xūyào shìshi dà/xiǎo yí hào de ma?

こちらは温めましょうか？

<ruby>要<rt>ヤオ</rt></ruby> <ruby>加热<rt>ジアロァ</rt></ruby> <ruby>吗?<rt>マ?</rt></ruby>

Yào jiārè ma?

<u>箸</u>／<u>スプーン</u>をお付けしましょうか？

<ruby>要<rt>ヤオ</rt></ruby> <ruby>筷子<rt>クワイヅ</rt></ruby>/<ruby>勺子<rt>シャオヅ</rt></ruby> <ruby>吗?<rt>マ?</rt></ruby>

Yào kuàizi/sháozi ma?

③
販売業

あちらのポットのお湯をお使いください。

<ruby>请<rt>チィン</rt></ruby> <ruby>用<rt>ヨン</rt></ruby> <ruby>那个<rt>ネイガ</rt></ruby> <ruby>热水瓶<rt>ロァシュイピィン</rt></ruby> <ruby>中<rt>ヂョン</rt></ruby> <ruby>的<rt>ダ</rt></ruby> <ruby>开水。<rt>カイシュイ.</rt></ruby>

Qǐng yòng nèige rèshuǐpíng zhōng de kāishuǐ.

レジ袋は必要ですか？ 1枚5円です。

<ruby>您<rt>ニン</rt></ruby> <ruby>要<rt>ヤオ</rt></ruby> <ruby>购物袋<rt>ゴウウゥダイ</rt></ruby> <ruby>吗?<rt>マ?</rt></ruby> <ruby>一<rt>イィ</rt></ruby> <ruby>个<rt>ガ</rt></ruby> <ruby>5<rt>ウゥ</rt></ruby> <ruby>日元。<rt>リーユエン.</rt></ruby>

Nín yào gòuwùdài ma? Yí ge wǔ Rìyuán.

 レジ袋が必要かどうかを聞くフレーズのバリエーションの1つ。"购物袋/ゴ ウウゥダイ/gòuwùdài"は買い物袋のことで、"塑料袋/スゥリアオダイ/ sùliàodài"はビニール袋です。

あちらのカウンターでお食事いただけます。

<ruby>购买<rt>ゴウマイ</rt></ruby> <ruby>的<rt>ダ</rt></ruby> <ruby>食品<rt>シーピン</rt></ruby> <ruby>可以<rt>クァイィ</rt></ruby> <ruby>在<rt>ヅァイ</rt></ruby> <ruby>那边<rt>ネイビエン</rt></ruby> <ruby>的<rt>ダ</rt></ruby> <ruby>桌子<rt>ヂュオヅ</rt></ruby> <ruby>食用。<rt>シーヨン.</rt></ruby>

Gòumǎi de shípǐn kěyǐ zài nèibian de zhuōzi shíyòng.

日本の野菜・果物

キャベツ	卷心菜	ジュエンシンツァイ	juǎnxīncài
大根	萝卜	ルゥオボ	luóbo
カブ	芜菁	ウゥジィン	wújing
白菜	白菜	バイツァイ	báicài
ホウレンソウ	菠菜	ボォツァイ	bōcài
小松菜	小松菜/小油菜	シアオソォンツァイ/シアオヨウツァイ	xiǎosōngcài/xiǎoyóucài
水菜	水菜	シュイツァイ	shuǐcài
シソ	紫苏	ヅースゥ	zǐsū
ジャガイモ	马铃薯/土豆	マァリィンシュウ/トゥドウ	mǎlíngshǔ/tǔdòu
サツマイモ	红薯	ホォンシュウ	hóngshǔ
サトイモ	芋头	ユィトウ	yùtou
ナガイモ	山药	シャンヤオ	shānyào
レンコン	莲藕	リエンオウ	lián'ǒu
ゴボウ	牛蒡	ニウバァン	niúbàng
ニンジン	胡萝卜	ホゥルゥオボ	húluóbo
タマネギ	洋葱	ヤンツォン	yángcōng
ネギ	葱	ツォン	cōng
トマト	番茄	ファンチエ	fānqié
キュウリ	黄瓜	ホアングワ	huángguā
ナス	茄子	チエヅ	qiézi
ピーマン	青椒	チィンジアオ	qīngjiāo
シシトウ	日式甜椒	リーシー ティエンジアオ	Rìshì tiánjiāo
カボチャ	南瓜	ナングワ	nánguā
オクラ	秋葵	チウクゥイ	qiūkuí
ゴーヤ	苦瓜	クゥグワ	kǔguā
マイタケ	灰树菇/舞菇	ホゥイシュウグゥ/ウゥグゥ	huīshùgū/wǔgū
エノキ	金针菇	ジンヂェングゥ	jīnzhēngū

160

● エリンギ	杏鮑菇	シィンバオグゥ	xìngbàogū
● ナメコ	滑菇	ホワグゥ	huágū
● シメジ	白玉菇	バイユィグゥ	báiyùgū
● シイタケ	香菇	シアングゥ	xiānggū
● ミョウガ	茗荷	ミィンホァ	mínghé
● ミツバ	鴨儿芹	ヤァアルチン	yā'érqín
● トウモロコシ	玉米	ユィミィ	yùmǐ
● ショウガ	生姜	ションジアン	shēngjiāng
● タケノコ	竹笋	デュウスゥン	zhúsǔn
● イチゴ	草莓	ツァオメイ	cǎoméi
● ブドウ	葡萄	プゥタオ	pútao
● メロン	甜瓜	ティエングワ	tiánguā
● マスクメロン	哈密瓜	ハァミィグワ	hāmìguā
● サクランボ	櫻桃	イィンタオ	yīngtáo
● モモ	桃子	タオヅ	táozi
● スイカ	西瓜	シィグワ	xīguā
● ナシ	梨	リィ	lí
● 洋ナシ	巴梨	バァリィ	bālí
● 柿	柿子	シーヅ	shìzi
● リンゴ	苹果	ピィングゥオ	píngguǒ
● ミカン	柑橘	ガンジュィ	gānjú
● ユズ	日本柚子	リーベン ヨウヅ	Rìběn yòuzi
● スダチ	酸橘	スワンジュィ	suānjú
● 金柑	金橘	ジンジュィ	jīnjú
● 梅	梅子	メイヅ	méizi
● キウイ	弥猴桃	ミィホウタオ	míhóutáo
● イチジク	无花果	ウゥホワグゥオ	wúhuāguǒ
● バナナ	香蕉	シアンジアオ	xiāngjiāo

肉の種類

MP3 093

● 牛肉	牛肉	ニウロォウ	niúròu
● 豚肉	猪肉	ヂュウロォウ	zhūròu
● 鶏肉	鸡肉	ジィロォウ	jīròu
● 羊肉	羊肉	ヤンロォウ	yángròu
● 仔羊肉	羔羊肉	ガオヤンロォウ	gāoyángròu
● 馬肉	马肉	マァロォウ	mǎròu
● ひき肉	肉末	ロォウモォ	ròumò
● 骨付き肉	排骨	パイグゥ	páigǔ
● ロース	腰肉	ヤオロォウ	yāoròu
● ヒレ	里脊肉	リィジィロォウ	lǐjíròu
● レバー	肝	ガン	gān
● 牛タン	牛舌	ニウショァ	niúshé
● 砂肝	鸡胗	ジィヂェン	jīzhēn
● 和牛	和牛	ホァニウ	héniú
● 霜降り肉	五花肉/霜降肉	ウゥホワロォウ/ シュアンジアンロォウ	wǔhuāròu/ shuāngjiàngròu
● 熟成肉	熟成肉	シュウチョンロォウ	shúchéngròu

中国語の取扱説明書が付いています。

リィミエン　ヨウ　チォンウェン　シュオミィンシュウ.

里面　有　中文　说明书。

Lǐmian yǒu Zhōngwén shuōmíngshū.

メモリーカードは別売りです。

ネイツンカァ　リィンシィン　シアオショウ.

内存卡　另行　销售。

Nèicúnkǎ lìngxíng xiāoshòu.

海外でご利用いただくには変圧器が必要です。

ヅァイ　グゥオワイ　シーヨン　シュィヤオ　ビエンヤァチィ.

在　国外　使用　需要　变压器。

Zài guówài shǐyòng xūyào biànyāqì.

省エネ設計です。

ジエネゥン　ショァジィ.

节能　设计。

Jiénéng shèjì.

防水加工されています。

ジィングゥオ　ファアンシュイ　チュウリィ.

经过　防水　处理。

Jīngguò fángshuǐ chǔlǐ.

展示品です。

ヂョァ　シー　ヤンピン.

这　是　样品。

Zhè shì yàngpǐn.

電池が付いています。

リィミエン ヨウ　ディエンチー.
里面　有　电池。
Lǐmian yǒu diànchí.

充電式です。

ヂョァ シー　クァイィ　チォンディエン ダ.
这　是　可以　充电　的。
Zhè shì kěyǐ chōngdiàn de.

付属パーツが充実しています。

フゥダイ　ドゥオ　ヂォン　フゥジエン.
附帯　多　种　附件。
Fùdài duō zhǒng fùjiàn.

現在はどのモデルをお使いですか？

ニン　シエンヴァイ ヨン　ダ　シー　ネイガ　シィンハオ ダ?
您　现在　用　的　是　哪个　型号　的?
Nín xiànzài yòng de shì něige xínghào de?

日本国内では販売しておりません。

リーベン　グゥオネイ　メイヨウ　シアオショウ.
日本　国内　没有　销售。
Rìběn guónèi méiyǒu xiāoshòu.

量り売りです。

チョンヂォン　シアオショウ.
称重　销售。
Chēngzhòng xiāoshòu.

100グラム1,000円です。

イィバイ　クァ　シー　イィチエン　リーユエン.
100 克 是 1000 日元。
Yìbǎi kè shì yìqiān Rìyuán.

日本の伝統的な製品です。

ヂョア　シー　リーベン　ダ　チュワントォン　チャンピン.
这 是 日本 的 传统 产品。
Zhè shì Rìběn de chuántǒng chǎnpǐn.

 日本の伝統工芸品に興味のある外国のお客様は多いものです。店頭の商品を中国語か英語で簡単に説明できるようにしておくと、なおよいでしょう。

400年前から同じ技術で作られています。

ツァイヨン　イエンシュィラ　スーバイ　ドゥオ　ニエン　ダ　ジィシュウ
采用 延续了 四百 多 年 的 技术

ヂーヅゥオ.
制作。
Cǎiyòng yánxùle sìbǎi duō nián de jìshù zhìzuò.

職人による手作りです。

ヂョア　シー　ゴォンジアン　ショウゴォン　ヂーヅゥオ　ダ.
这 是 工匠 手工 制作 的。
Zhè shì gōngjiàng shǒugōng zhìzuò de.

この箸は、漆が塗られています。

ヂョァ　シュアン　クワイヅ　シャァン　トゥラ　　チィ.
这　双　筷子　上　涂了　漆。
Zhè shuāng kuàizi shang túle qī.

 漆器のことを"漆器/チィチィ/qīqì"と言います。

絹に刺繍をほどこしています。

ヂョァ　シー　シウホワ　スーチョウ.
这　是　绣花　丝绸。
Zhè shì xiùhuā sīchóu.

ご当地限定品です。

ヂョァ　シー　ダァンディー　シエンディン　ダ　シャァンピン.
这　是　当地　限定　的　商品。
Zhè shì dāngdì xiàndìng de shāngpǐn.

試食可能です。

クァイィ　シーチー.
可以　试吃。
Kěyǐ shìchī.

日持ちがするのはこれです。

ヂェイガ　バオヂーチィ　ビィジアオ　チャァン.
这个　保质期　比较　长。
Zhèige bǎozhìqī bǐjiào cháng.

 お客様が、お土産として自国の知人に食べ物を購入する場合、干菓子などの痛みにくいものをお薦めするのがよいでしょう。

あんこを餅で包んだものです。

ヂョァ　シー　ヌゥォミィ　ドウシャァガオ.
这　是　糯米　豆沙糕。
Zhè shì nuòmǐ dòushāgāo.

ティラミスの味に似ています。

ウェイダオ ヘン シアン ティラァミィスゥ.
味道 很 像 提拉米苏。
Wèidào hěn xiàng tílāmǐsū.

 外国の食べ物で似た味に思い当たるものがある場合、"提拉米苏"（ティラミス）の部分を変えて言ってみるとよいでしょう。

普段はどういうお酒を飲んでいますか？

ニン ピィンシー シィホワン ホァ シェンマ ジウ ナ?
您 平时 喜欢 喝 什么 酒 呢?
Nín píngshí xǐhuan hē shénme jiǔ ne?

この日本酒は、お燗／冷酒で飲むとおいしいです。

ヂェイガ リーベンジウ ジアロァ／レゥンツァァン ホウ ハオホァ.
这个 日本酒 加热/冷藏 后 好喝。
Zhèige Rìběnjiǔ jiārè/lěngcáng hòu hǎohē.

日本の土産品			MP3 096
● 扇子	扇子	シャンヅ	shànzi
● 暖簾（のれん）	日式门帘	リーシー メンリエン	Rìshì ménlián
● 手ぬぐい	棉手帕	ミエン ショウパァ	mián shǒupà
● ふろしき	包袱皮	バオフピィ	bāofupí
● 浴衣	夏季单和服	シアジィ ダンホァフゥ	xiàjì dānhéfú
● 茶器	茶具	チャアジュィ	chájù
● 陶器	陶器	タオチィ	táoqì
● 弁当箱	饭盒	ファンホァ	fànhé
● 漬物	咸菜	シエンツァイ	xiáncài
● 料理レプリカ	食品模型	シーピン モォシィン	shípǐn móxíng
● 箸	筷子	クワイヅ	kuàizi

● 日本人形	日本人偶	リーベン ロェンオウ	Rìběn rén'ǒu
● だるま	达摩	ダァモォ	dámó
● こけし	木偶娃娃	ムゥオウ ワァワ	mù'ǒu wáwa
● たぬきの置物	貉子摆设	ハオヅ バイショァ	háozi bǎishè
● 招き猫	招福猫	チャオフゥマオ	zhāofúmāo
● (冷蔵庫の)マグネット	冰箱贴	ビィンシアンティエ	bīngxiāngtiē
● 貯金箱	存钱罐	ツンチエングワン	cúnqiánguàn
● 蚊取り豚	蚊香猪	ウェンシアンデュゥ	wénxiāngzhū
● 湯たんぽ	热水袋	ロァシュイダイ	rèshuǐdài
● くし	梳子	シュゥヅ	shūzi
● かんざし	发簪	ファアヅァン	fàzān
● 草履	草屐	ツァオジィ	cǎojī
● げた	木屐	ムゥジィ	mùjī
● 和傘	日式雨伞	リーシー ュィサン	Rìshì yǔsǎn
● 風鈴	风铃	フォンリィン	fēnglíng
● ちょうちん	灯笼	デゥンルォン	dēnglong
● 爪切り	指甲剪	ヂーヂアジエン	zhǐjiajiǎn
● 能のお面	能面	ネゥンミエン	néngmiàn
● 熊手	招福熊手	チャオフゥ シオンショウ	zhāofú xióngshǒu
● たこ	风筝	フォンヂョン	fēngzheng
● コマ	陀螺	トゥオルゥオ	tuóluó

MP3 097

お肌に何かお悩みがありますか？

ニン　ヨウ　シェンマ　ジィフゥ　ファンナオ　マ?
您 有 什么 肌肤 烦恼 吗?
Nín yǒu shénme jīfū fánnǎo ma?

普段お使いになる色は何色ですか？

ニン　ピィンシー　チャァンヨン　シェンマ　イエンスァ　ナ?
您 平时 常用 什么 颜色 呢?
Nín píngshí chángyòng shénme yánsè ne?

何かアレルギーはございますか？

ピィフゥ　グゥオミン　マ?
皮肤 过敏 吗?
Pífū guòmin ma?

乳液とセットでお使いください。

チィン　ユィ　ロゥイエ　イィチィ　シーヨン.
请 与 乳液 一起 使用。
Qǐng yǔ rǔyè yìqǐ shǐyòng.

そちらを頂戴します。

ニン　バァ　タァ　ゲイ　ウオ　バ.
您 把 它 给 我 吧。
Nín bǎ tā gěi wǒ ba.

 お客様がゴミを手にしているのを目にしたら、手を差し出してこう言いましょう。

169

メイクを落としますがよろしいですか？

ウオ　クァイィ　バァ　ニン　ダ　デュアン　シエディアオ　マ?
我 可以 把 您 的 妆 卸掉 吗?
Wǒ kěyǐ bǎ nín de zhuāng xièdiào ma?

美白効果があります。

ヨウ　メイバイ　シアオグゥオ.
有 美白 效果。
Yǒu měibái xiàoguǒ.

お肌を元気にしてくれます。

ホゥイ　リィン　ジィフゥ　ホゥイフゥ　ホゥオリィ.
会 令 肌肤 恢复 活力。
Huì lìng jīfū huīfù huólì.

落ちにくいタイプです。

ヂョァ　シー　ブゥ　イィ　トゥオヂュアン　ダ.
这 是 不 易 脱妆 的。
Zhè shì bú yì tuōzhuāng de.

毛穴を引き締めてくれます。

ホゥイ　ショウスゥオ　マオコォン.
会 收缩 毛孔。
Huì shōusuō máokǒng.

こちらはしっとりタイプ、こちらはさっぱりタイプです。

ヂョァ　シー　ヅーロゥンシィン　ダ,　ヂョァ　シー　チィンシュアンシィン　ダ.
这 是 滋润型 的, 这 是 清爽型 的。
Zhè shì zīrùnxíng de, zhè shì qīngshuǎngxíng de.

 種類によっては、"适合干性皮肤／シーホァ　ガンシィン　ピィフゥ／shìhé gānxìng pífū"(乾燥肌向け)、"适合油性皮肤／シーホァ　ヨウシィン　ピィフゥ／shìhé yóuxìng pífū"(脂性肌向け)と言えばわかりやすいでしょう。

血行を促進してくれます。

クァ　　ツゥジン　シュエイエ　シュィンホワン.
可　促进　血液　循环。
Kě cùjìn xuèyè xúnhuán.

赤みや色ムラをカバーしてくれます。

ネゥン　ヂョァガイ　ファンホォン　ジィフゥ　シー　　フゥスァ　　ジュィンユィン
能　遮盖　泛红　肌肤　使　肤色　均匀
イィヂー.
一致。
Néng zhēgài fànhóng jīfū shǐ fūsè jūnyún yízhì.

肌に透明感を出してくれます。

ネゥン　ロァァン　ジィフゥ　トゥリアン.
能　让　肌肤　透亮。
Néng ràng jīfū tòuliàng.

肌の老化を防止してくれます。

クァ　　ファアンヂー　ジィフゥ　シュワイラオ.
可　防止　肌肤　衰老。
Kě fángzhǐ jīfū shuāilǎo.

中身を確認いたしましょう。

ウオメン　　ライ　　チュエロェン　イィシア　シャァンピン　バ.
我们　来　确认　一下　商品　吧。
Wǒmen lái quèrèn yíxià shāngpǐn ba.

 購入される製品が折れたり割れたりしていないか、お客様に確認していただく際に使います。

サンプルをお入れしましたので、お試しください。

ウオ　バァ　シーヨンヂュアン　イエ　ファアンジンチュラ,
我　把　试用装　也　放进去了，
ニン　クァイィ　シーシ.
您　可以　试试。
Wǒ bǎ shìyòngzhuāng yě fàngjinqule, nín kěyǐ shìshi.

● 化粧水	化妆水／爽肤水	ホワヂュアンシュイ／シュアンフゥシュイ	huàzhuāngshuǐ／shuǎngfūshuǐ
● 乳液	乳液	ロゥイエ	rǔyè
● 美容液	美容液	メイルォンイエ	měiróngyè
● まつ毛美容液	睫毛美容液	ジエマオ　メイルォンイエ	jiémáo měiróngyè
● 洗顔料	洁面乳	ジエミエンロゥ	jiémiànrǔ
● スクラブ洗顔料	磨砂膏	モォシャアガオ	móshāgāo
● 洗顔フォーム	洗面奶	シィミエンナイ	xǐmiànnǎi
● クレンジングオイル	卸妆油	シエヂュアンヨウ	xièzhuāngyóu
● パック	面膜	ミエンモォ	miànmó
● リップクリーム	润唇膏	ロゥンチュンガオ	rùnchúngāo
● グロス	唇蜜／唇彩	チュンミィ／チュンツァイ	chúnmì／chúncǎi
● 口紅	口红	コウホォン	kǒuhóng
● チーク（頬紅）	腮红	サイホォン	sāihóng
● 下地	隔离霜	グァリィシュアン	gélíshuāng
● 日焼け止め	防晒霜	ファアンシャイシュアン	fángshàishuāng
● ファンデーション	粉底霜	フェンディーシュアン	fěndǐshuāng
● コンシーラー	遮瑕膏	ヂョァシアガオ	zhēxiágāo
● マスカラ	睫毛膏	ジエマオガオ	jiémáogāo
● ビューラー	睫毛夹	ジエマオジア	jiémáojiā
● 眉ブラシ／コーム	眉刷／梳	メイシュワ／シュウ	méishuā／shū
● アイライナー	眼线笔	イエンシエンビィ	yǎnxiànbǐ
● リップライナー	唇线笔	チュンシエンビィ	chúnxiànbǐ
● アイブロウペンシル	眉笔	メイビィ	méibǐ
● アイシャドウ	眼影膏	イエンイィンガオ	yǎnyǐnggāo
● ハイライト	高光粉	ガオグァンフェン	gāoguāngfěn

● シャンプー	洗发水	シィファアシュイ	xǐfàshuǐ
● コンディショナー	护发素	ホゥファアスゥ	hùfàsù
● 香水	香水	シアンシュイ	xiāngshuǐ
● ヘアブラシ	发刷	ファアシュワ	fàshuā
● マニキュア	指甲油	ヂージアヨウ	zhǐjiayóu
● 除光液	洗甲水	シィジアシュイ	xǐjiǎshuǐ
● 油取り紙	吸油纸	シィヨウヂー	xīyóuzhǐ
● おしろい	粉饼/散粉	フェンビィン/サンフェン	fěnbǐng/sànfěn
● 化粧パフ	粉扑	フェンプゥ	fěnpū
● 化粧スポンジ	化妆海绵	ホワヂュアン ハイミエン	huàzhuāng hǎimián
● 毛抜き	镊子	ニエヅ	nièzi

MP3 099

効能・特徴

● (肌の)引き締め効果	有紧肤作用	ヨウ ジンフゥ ヅゥオヨン	yǒu jǐnfū zuòyòng
● (肌の)引き上げ効果	有面部提升效果	ヨウ ミエンブゥ ティーション シアオグゥオ	yǒu miànbù tíshēng xiàoguǒ
● アンチエイジング効果	抗衰老	カァン シュワイラオ	kàng shuāilǎo
● 美白効果	美白效果	メイバイ シアオグゥオ	měibái xiàoguǒ
● 抗酸化作用のある	能抗氧化	ネゥン カァン ヤンホワ	néng kàng yǎnghuà
● シミ予防の	防止长雀斑的	ファアンヂー ヂャァン チュエバン ダ	fángzhǐ zhǎng quèbān de

● UVカットの	隔离紫外线的	グァリィ ヅーワイ シエン ダ	gélí zǐwàixiàn de
● 毛穴クレンジングの	清洁毛孔的	チィンジエ マオコォン ダ	qīngjié máokǒng de
● 乾燥肌	干性皮肤	ガンシィン ピィフゥ	gānxìng pífū
● 脂性肌	油性皮肤	ヨウシィン ピィフゥ	yóuxìng pífū
● 混合肌	混合型皮肤	ホゥンホァシィン ピィフゥ	hùnhéxíng pífū
● 敏感肌	敏感性皮肤	ミンガンシィン ピィフゥ	mǐngǎnxìng pífū
● 保湿の	保湿的	バオシー ダ	bǎoshī de
● 落ちにくい	不容易脱妆	ブゥ ロォンイィ トゥオヂュアン	bù róngyì tuōzhuāng
● べとべとしない	干爽不粘	ガンシュアン ブゥ ニエン	gānshuǎng bù nián
● パウダー状の	粉状的	フェンヂュアン ダ	fěnzhuàng de
● 液体の	液体的	イエティ ダ	yètǐ de
● ラメ入りの	带闪的	ダイシャン ダ	dàishǎn de
● マットな	哑光的	ヤァグアン ダ	yǎguāng de
● ツヤ感のある	有光泽	ヨウ グアンヅァ	yǒu guāngzé
● にじまない	不会晕染	ブゥ ホゥイ ユィ ンロァン	bú huì yùnrǎn
● 水に強い	防水	ファアンシュイ	fángshuǐ
● 汗に強い	防汗	ファアンハン	fánghàn
● 無香料の	不含香料	ブゥ ハン シアン リアオ	bù hán xiāngliào
● 甘い香りの	甜香味的	ティエン シアンウェイ ダ	tián xiāngwèi de
● オーガニックの	有机的	ヨウジィ ダ	yǒujī de
● 防腐剤無添加の	不含防腐剂的	ブゥ ハン ファア ンフゥジィ ダ	bù hán fángfǔjì de

100mlを超える容器に入った液体物は手荷物として持ち込めません。

ロォンジィ　チャオグゥオ　イィバイ　ハオション　ダ　　イエティー　ウゥピン
容积　超过　100　毫升　的　液体　物品

ブゥ　ネゥン　スゥイシェン　シエダイ.
不　能　随身　携带。

Róngji chāoguò yìbǎi háoshēng de yètǐ wùpǐn bù néng suíshēn xiédài.

乗り継ぎ前にスーツケースに入れられない場合、購入しないでください。

ロゥグゥオ　デュワンジィ　チエン　ウゥファ　ジアン　チィ　デュアンジン
如果　转机　前　无法　将　其　装进

リュィシィンシアン,　チィン　ブゥヤオ　　ゴウマイ.
旅行箱，　请　不要　购买。

Rúguǒ zhuǎnjī qián wúfǎ jiāng qí zhuāngjìn lǚxíngxiāng, qǐng búyào gòumǎi.

透明なプラスチック製のジップ付きの袋に入れてください。

チィン　バァ　タァ　デュアンジン　トウミィン　ダ　　ヅーフォンダイ　リ.
请　把　它　装进　透明　的　自封袋　里。

Qǐng bǎ tā zhuāngjìn tòumíng de zìfēngdài li.

この品物は、没収される可能性があります。

デェイ　ジエン　ドォンシ　クァネゥン　ホゥイ　ベイ　モォショウ.
这　件　东西　可能　会　被　没收。

Zhèi jiàn dōngxi kěnéng huì bèi mòshōu.

第4章

楽しい思い出を作っていただく
宿泊・レジャー・美容業のフレーズ

ホテル・旅館などの宿泊施設、遊園地や観光施設・名所などのレジャースポット、また、美容室やエステといった美容業において使える、様々な接客表現を集めました。

あいさつ

ようこそお越しくださいました。

ニン　ハオ！　ホワンイィン　グアンリン．

您 好! 欢迎 光临。

Nín hǎo! Huānyíng guānglín.

 p.24の「いらっしゃいませ」と同じ言い方です。"欢迎您 / ホワンイィン　ニン / huānyíng nín"もよく使います。

ごゆっくりおくつろぎください。

シィワァン　ニン　グゥオダ　ユィクワイ．

希望 您 过得 愉快。

Xīwàng nín guòde yúkuài.

いってらっしゃいませ。

ヂュウ　ニン　ジンティエン　ユィクワイ。/ ニン　マンヅォウ．

祝 您 今天 愉快。/ 您 慢走。

Zhù nín jīntiān yúkuài./Nín mànzǒu.

(お戻りになったお客様に)お帰りなさいませ。

ホワンイィン　ニン　ホゥイライ．

欢迎 您 回来。

Huānyíng nín huílai.

返答を前提としない定型のあいさつでも構いませんが、"今天玩得好吗? / ジンティエン　ワンダ　ハオ　マ?/Jīntiān wánde hǎo ma?"(よい1日でしたか?)や"美术馆看得开心吗?/メイシュウグワン　カンダ　カイシン　マ?/Měishùguǎn kànde kāixin ma?"(美術館訪問は楽しかったですか?)などの問い掛けができると、お客様との関係も近くなります。

チェックインは午後3時からです。

シアウゥ　サン　ディエン　カイシー　バンリィ　ロゥヂュウ　ショウシュィ.
下午　3　点　开始　办理　入住　手续。
Xiàwǔ sān diǎn kāishǐ bànlǐ rùzhù shǒuxù.

 中国では、24時間制で時間を言うことはほとんどありません。午前3時は"凌晨3点/リィンチェン　サン　ディエン/língchén sān diǎn"、午後3時は"下午3点/シアウゥ　サン　ディエン/xiàwǔ sān diǎn"と言ったほうが伝わりやすいでしょう。

チェックインまでスーツケースをお預かりしましょうか?

バンリィ　ロゥヂュウ　ショウシュィ　ヂーチエン,
办理　入住　手续　之前,

ニン　ダ　リュィシィンシアン　シュィヤオ　ジィツン　ヅァイ　ヂョァリ　マ?
您　的　旅行箱　需要　寄存　在　这里　吗?
Bànlǐ rùzhù shǒuxù zhīqián, nín de lǚxíngxiāng xūyào jìcún zài zhèli ma?

チェックインはお済みですか?

ロゥヂュウ　ショウシュィ　イィジィン　バンハオラ　マ?
入住　手续　已经　办好了　吗?
Rùzhù shǒuxù yǐjing bànhǎole ma?

パスポートのコピーを取らせていただいてもよろしいですか?

ウオ　クァイィ　フゥイン　イィシア　ニン　ダ　ホゥヂャオ　マ?
我　可以　复印　一下　您　的　护照　吗?
Wǒ kěyǐ fùyìn yíxià nín de hùzhào ma?

 もし理由を求められた時は、"这是法律规定的/ヂョァ　シー　ファアリュィ　グゥイディン　ダ/zhè shì fǎlǜ guīdìng de"(法律で義務付けられているんです)のように言うとよいでしょう。

4 宿泊・レジャー・美容業

コートはこちらのクロークでお預かりいたします。

ウオ　バァ　ニン　ダ　　ダァイィ　グワヅァイ　ヂョァリ　ダ
我　把　您　的　大衣　挂在　这里　的

イィマオジエン　リ.
衣帽间　里。

Wǒ bǎ nín de dàyī guàzài zhèli de yīmàojiān li.

 「(荷物)預かり所」のことを"寄物处/ジィウゥチュウ/jìwùchù""行李寄存处/
シィンリ　ジィツンチュウ/xínglǐ jìcúnchù"と言います。"衣帽"は"服と帽
子"のことで、"衣帽间"は「クローク」です。

荷物はこちらの番号札でお預かりします。

ヂョァ　シー　ニン　ダ　　シィンリ　　ジィツンパイ.
这　是　您　的　行李　寄存牌。

Zhè shì nín de xínglǐ jìcúnpái.

ただ今、お部屋の最終確認をしております。

ウオメン　ヂョンヅァイ　ドゥイ　ニン　シアタァ　ダ　　ファアンジエン　ジンシィン
我们　正在　对　您　下榻　的　房间　进行

ヅゥイヂォン　ジエンチァア.
最终　检查。

Wǒmen zhèngzài duì nín xiàtà de fángjiān jìnxíng zuìzhōng jiǎnchá.

お荷物をお持ちします。

ウオ　ライ　バァン　ニン　ナァ　シィンリ.
我　来　帮　您　拿　行李。

Wǒ lái bāng nín ná xínglǐ.

スーツケースを横にしてもよろしいですか？

ウオ　バァ　ニン　ダ　　リュィシィンシアン　ヘゥンヂャ　ファアン,
我　把　您　的　旅行箱　横着　放，

クァイィ　マ?
可以　吗?

Wǒ bǎ nín de lǚxíngxiāng héngzhe fàng, kěyǐ ma?

180

お部屋にご案内します。

ウオ　ダイ　ニン　チュィ　ファアンジエン.
我　带　您　去　房间。
Wǒ dài nín qù fángjiān.

 「お部屋はこちらになります」は、シンプルに"这是您的房间/ヂョア　シー　ニン　ダ　ファアンジエン/zhè shì nín de fángjiān"でOKです。

こちらが1001号室の鍵です。

ヂョア　シー　　ヤオリィンリィンヤオ　ハオ　　ファアンジエン　ダ　　　ヤオシ.
这　是　1001　号　房间　的　钥匙。
Zhè shì yāolínglíngyāo hào fángjiān de yàoshi.

> ### 🌿 部屋番号の読み方
>
> 部屋番号や電話番号を言う場合は、数字を1つ1つ個別に読みます。例えば、「2008号室」は、"两千零八号房间"と言うよりも、"二零零八号房间"(アル　リィン　リィン　バァ　ハオ　ファアンジエン/èr líng líng bā hào fángjiān) のように言うのが普通です。"号"は省略しても構いませんが、"0"の数を減らしてはなりません。
>
> | 例 | 520 | ウゥ　アル　リィン/wǔ èr líng |
> |---|---|---|
> | | 808 | バァ　リィン　バァ/bā líng bā |
> | | 934 | ジウ　サン　スー/jiǔ sān sì |
> | | 2020 | アル　リィン　アル　リィン/èr líng èr líng |
> | | 3005 | サン　リィン　リィン　ウゥ/sān líng líng wǔ |
>
> 「1」が部屋番号や電話番号に出てくる場合、"yāo"と発音するのが一般的です。
>
> | 例 | 109 | ヤオ　リィン　ジウ/yāo líng jiǔ |
> |---|---|---|
> | | 110 | ヤオ　ヤオ　リィン/yāo yāo líng |
> | | 1516 | ヤオ　ウゥ　ヤオ　リウ/yāo wǔ yāo liù |
> | | 2001 | アル　リィン　リィン　ヤオ/èr líng líng yāo |
> | 03-1234-5678 | | リィン　サン-ヤオ　アル　サン　スー-ウゥ　リウ　チィ　バァ/líng sān - yāo èr sān sì- wǔ liù qī bā |
>
> 部屋のある階数を言う場合は、階数の「数字+"楼"(ロウ/lóu)」になります。部屋番号を告げる前後に、8階なら「8階にある」"在8楼"(ヅァイ　バァ　ロウ/zài bā lóu) と合わせて言ってあげたほうが親切ですね。

フロント

ご不明な点がありましたら、フロントまでお電話ください。

ロゥグゥオ ヨウ ウェンティー, チィン ニン ダァ ディエンホワ ダオ
如果 有 问题， 请 您 打 电话 到
チエンタイ.
前台。
Rúguǒ yǒu wèntí, qǐng nín dǎ diànhuà dào qiántái.

お帰りが遅くなりそうでしたら、部屋の鍵を持ったままお出掛けください。

ニン ロゥグゥオ ホゥイライダ ワン,
您 如果 回来得 晚，
ワイチュウ シー チィン ダイヂャ ファアンジエン ヤオシ.
外出 时 请 带着 房间 钥匙。
Nín rúguǒ huíláide wǎn, wàichū shí qǐng dàizhe fángjiān yàoshi.

お出掛けの際は、フロントで鍵をお預けください。

ワイチュウ シー チィン バァ ヤオシ ファアンヅァイ チエンタイ.
外出 时 请 把 钥匙 放在 前台。
Wàichū shí qǐng bǎ yàoshi fàngzài qiántái.

お出掛けの際は、部屋の鍵はご自身で管理してください。

ワイチュウ シー チィン バオグワンハオ ファアンジエン ヤオシ.
外出 时 请 保管好 房间 钥匙。
Wàichū shí qǐng bǎoguǎnhǎo fángjiān yàoshi.

（部屋に入る時に）鍵を回しながらドアを開けてください。

チィン　チュワンドォン　ヤオシ　　ダァカイ　ファアンメン.
请　转动　钥匙　打开　房门。
Qǐng zhuàndòng yàoshi dǎkāi fángmén.

貴重品はご自身で管理してください。

チィン　バオグワンハオ　ヅージィ　ダ　グゥイヂォン　ウゥピン.
请　保管好　自己　的　贵重　物品。
Qǐng bǎoguǎnhǎo zìjǐ de guìzhòng wùpǐn.

貴重品は金庫に入れてください。

チィン　バァ　グゥイヂォン　ウゥピン　ファアンジン　バオシエングゥイ.
请　把　贵重　物品　放进　保险柜。
Qǐng bǎ guìzhòng wùpǐn fàngjìn bǎoxiǎnguì.

ご都合の良い時に、フロントにお立ち寄りください。

ニン　ファアンビエン　ダ　シーホウ　チィン　ダオ　チエンタイ　ライ
您　方便　的　时候　请　到　前台　来
イィ　タァン.
一　趟。
Nín fāngbiàn de shíhou qǐng dào qiántái lái yí tàng.

変圧器をお使いになりますか？

ニン　ヤオ　ヨン　ビエンヤァチィ　マ?
您　要　用　变压器　吗?
Nín yào yòng biànyāqì ma?

すべての金額に、サービス料を別途10％申し受けます。

スゥオヨウ　フェイヨン　ドウ　ヤオ　リィンワイ　ショウチュィ
所有　费用　都　要　另外　收取
バイフェンヂーシー　　　　　　　ダ　フゥウゥフェイ.
10％（百分之十）　的　服务费。
Suǒyǒu fèiyòng dōu yào lìngwài shōuqǔ bǎifēnzhīshí de fúwùfèi.

館内案内

係の者がご案内いたします。

ゴォンヅゥオ　ロェンユエン　ホゥイ　ダイ　ニン　チュィ.

工作　人员　会　带　您　去。

Gōngzuò rényuán huì dài nín qù.

自動販売機は各階にあります。

グァガ　ロゥツゥン　ドゥ　ヨゥ　ヅードォン　ショゥホゥオジィ.

各个　楼层　都　有　自动　售货机。

Gège lóucéng dōu yǒu zìdòng shòuhuòjī.

自動販売機のご利用は午後9時までです。

ヅードォン　ショゥホゥオジィ　ワンシャァン　ジウ　ディエン　チエン　ドゥ　ネゥン　ヨン.

自动　售货机　晚上　9　点　前　都　能　用。

Zìdòng shòuhuòjī wǎnshang jiǔ diǎn qián dōu néng yòng.

館内は、バルコニーを含めて禁煙です。

ベングワン　ネイ　バオクゥオ　ヤンタイ　ヅァイネイ　ドゥ　ジンヂー　シィイエン.

本馆　内　包括　阳台　在内　都　禁止　吸烟。

Běnguǎn nèi bāokuò yángtái zàinèi dōu jìnzhǐ xīyān.

ロビーでのルームスリッパのご利用はご遠慮ください。

チィン　ブゥヤオ　チュワンヂャ　トゥオシエ　チュィ　ダァティン.

请　不要　穿着　拖鞋　去　大厅。

Qǐng búyào chuānzhe tuōxié qù dàtīng.

トイレでは備え付けのスリッパに履き替えてください。

ジン　シィショウジエン　シー　　チィン　ホワンシャァン　ヂュワンヨン　　トゥオシエ.

进　洗手间　时　请　换上　专用　拖鞋。

Jìn xǐshǒujiān shí qǐng huànshang zhuānyòng tuōxié.

どこからどこまで靴のままでいいのか、どこでスリッパを履くのか・脱ぐのかは、慣れないお客様にとっては難しいものです。トイレのスリッパも、それが専用のものと気が付かない可能性も考慮しておくとよいでしょう。

午後6時30分から2階で食事ができます。

ワンツァン　リウ　ディエン　バン　　カイシー,

晚餐　6　点　半　开始，

チィン　ダオ　アル　ロウ　ヨンツァン.

请　到　二　楼　用餐。

Wǎncān liù diǎn bàn kāishǐ, qǐng dào èr lóu yòngcān.

ジムとプールのご利用は別料金となります。

シーヨン　ジエンシェンファアン　ホァ　ヨウヨンチー　ヤオ　リィンワイ　ショウフェイ.

使用　健身房　和　游泳池　要　另外　收费。

Shǐyòng jiànshēnfáng hé yóuyǒngchí yào lìngwài shōufèi.

Wi-Fiは全館でご利用いただけます。

グワンネイ　アンヂュアン　ヨウ　　ワイファイ.

馆内　安装　有　Wi-Fi。

Guǎnnèi ānzhuāng yǒu Wi-Fi.

「ロビーのみで利用可能」なら、"Wi-Fi只能在大厅使用/ワイファイ　ヂー　ネゥン　ヅァイ　ダァティン　シーヨン/Wi-Fi zhǐ néng zài dàtīng shǐyòng" です。

● ロビー	大厅/大堂	ダァティン/ダァタァン	dàtīng/dàtáng
● フロント	前台	チエンタイ	qiántái
● 入り口	入口	ロゥコウ	rùkǒu
● 浴室	浴室	ユィシー	yùshì
● 廊下	走廊	ヅォウラァン	zǒuláng
● 非常口	安全出口/ 应急出口	アンチュエン チュウコウ/ イィンジィ チュウコウ	ānquán chūkǒu/ yìngjí chūkǒu
● 非常階段	安全楼梯	アンチュエン ロウティー	ānquán lóutī
● 和室	和室	ホァシー	héshì
● 洋室	洋室	ヤンシー	yángshì
● エレベーター	电梯	ディエンティー	diàntī
● エスカレーター	自动扶梯	ヅードォン フゥティー	zìdòng fútī
● 宴会場	宴会厅	イエンホゥイティン	yànhuìtīng
● 自動販売機	自动售货机	ヅードォン ショウホゥオ ジィ	zìdòng shòuhuòjī
● ラウンジ	休息厅	シウシティン	xiūxitīng
● サウナ	桑拿浴	サァンナァユィ	sāngnáyù
● ジャグジー	气泡按摩池	チィパオ アンモォチー	qìpào ànmóchí
● 売店	小卖店	シアオマイディエン	xiǎomàidiàn
● 製氷機	制冰机	ヂービィンジィ	zhìbīngjī
● フィットネス センター	健身中心	ジエンシェン ヂォンシン	jiànshēn zhōngxīn
● 美容室	美发厅	メイファァティン	měifàtīng
● 現金自動 預払機	自动柜员机/ ATM机	ヅードォン グゥイユエン ジィ/ATMジィ	zìdòng guìyuánjī/ ATM jī
● ギャラリー	画廊	ホワラァン	huàláng
● 1泊2食付き	住一晚含早 晚餐	ヂュウ イィ ワン ハン ヅァオワンツァン	zhù yì wǎn hán zǎowǎncān
● 素泊まり	只住宿	ヂー ヂュウスゥ	zhǐ zhùsù
● 1泊2日	两天一晚	リアン ティエン イィ ワン	liǎng tiān yì wǎn
● 2泊3日	三天两晚	サン ティエン リアン ワン	sān tiān liǎng wǎn

朝食はビュッフェスタイルです。

ヴァオツァン シー ヅーヂュウツァン.

早餐 是 自助餐。

Zǎocān shì zìzhùcān.

間もなく朝食終了のお時間ですが、お代わりはよろしいでしょうか？

ヴァオツァン シージエン クワイ ジエシュウラ,

早餐 时间 快 结束了,

ニン ハイ ヤオ ディアル シェンマ マ?

您 还 要 点儿 什么 吗?

Zǎocān shíjiān kuài jiéshùle, nín hái yào diǎnr shénme ma?

お料理は午前10時にすべてお下げしますので、それまでにお取りください。

ヴァオシャアン シー ディエン ウオメン ジアン チョアヅォウ スゥオヨウ シーウゥ,

早上 10 点 我们 将 撤走 所有 食物,

ロゥ ヨウ シュィヤオ チィン ニン ティーチエン チュィ ツァン.

如 有 需要 请 您 提前 取 餐。

Zǎoshang shí diǎn wǒmen jiāng chèzǒu suǒyǒu shíwù, rú yǒu xūyào qǐng nín tíqián qǔ cān.

電話（予約対応）

何名様でご宿泊でしょうか？

チィン ウェン シー ジィ ウェイ ロゥヂュウ ナ?
请 问 是 几 位 入住 呢?
Qǐng wèn shì jǐ wèi rùzhù ne?

いつから何泊のご宿泊ですか？

チィン ウェン ニン シェンマ シーホウ ロゥヂュウ, ヂュウ ジィ ティエン?
请 问 您 什么 时候 入住, 住 几 天?
Qǐng wèn nín shénme shíhou rùzhù, zhù jǐ tiān?

お部屋のご希望はございますか？

ニン ドゥイ ファアンジエン ヨウ シェンマ ヤオチウ マ?
您 对 房间 有 什么 要求 吗?
Nín duì fángjiān yǒu shénme yāoqiú ma?

洋室と和室どちらになさいますか？

ニン ヤオ ディン ヤンシー ハイシ ホァシー?
您 要 订 洋室 还是 和室?
Nín yào dìng yángshì háishi héshì?

 「和室」は "日式房间 / リーシー　ファアンジエン /Rìshì fángjiān" とも言えます。

お部屋の空きがございます。

ウオメン ハイヨウ コォンファアン.
我们 还有 空房。
Wǒmen háiyǒu kōngfáng.

 「空きがございません」は、"客房已满 / クァファアン　イィ　マン /kèfáng yǐ mǎn" です。

お部屋をお取りしておきます。

ウオメン　ウェイ　ニン　リウハオ　ファアンジエン.
我们 为 您 留好 房间。
Wǒmen wèi nín liúhǎo fángjiān.

1泊2食付きで10,000円です。

デュウ イィ ワン ダイ リアン ドゥン ツァン シー イィワン
住 一 晚 带 两 顿 餐 是 10000
リーユエン.
日元。
Zhù yì wǎn dài liǎng dùn cān shì yí wàn Rìyuán.

朝食込みでございます。

バオクゥオ ヅァオツァン ヅァイネイ.
包括 早餐 在内。
Bāokuò zǎocān zàinèi.

他に何か質問はございますか？

ニン　ハイヨウ　チィタァ　ウェンティー　マ?
您 还有 其他 问题 吗?
Nín háiyǒu qítā wèntí ma?

お客様のお越しを楽しみにしております。

ウオメン　チィダイ　ニン　ダ　グアンリン.
我们 期待 您 的 光临。
Wǒmen qīdài nín de guānglín.

12月29日より3泊ご予約を承っております。

ニン ユィディン ダ シー シーアルユエ アルシジウ ハオ チィ デュウ
您 预订 的 是 12月 29 号 起 住
サン ティエン.
三 天。
Nín yùdìng de shì shí'èryuè èrshijiǔ hào qǐ zhù sān tiān.

服务员：您好！这里是日本酒店，请问您有什么需要？

顾客：我想问一下房价。

服务员：好的。您能告诉我需要什么类型的房间以及住宿人数吗？

顾客：两个人住的房间。

服务员：**什么时候**住，**住几天呢?**

顾客：5月2号起住三个晚上。

服务员：您要订有两张床的双人间吗？

顾客：对。另外，要有浴缸的房间。

服务员：一个人一天是12000日元，带早餐。

顾客：那就给我预订一个房间吧。

服务员：好，请告诉我您的名字。

顾客：我叫郝友祥。

服务员：请告诉我英文怎么拼写，好吗？

顾客：H-A-O、Y-O-U、X-I-A-N-G。

服务员：**下午3点开始办理入住手续。**

顾客：有Wi-Fi吗？

服务员：有，**是免费的。**

顾客：好的，谢谢。

服务员：**我们期待您**5月2号**光临。**祝您愉快！

スタッフ：ホテルジャパンでございます。お伺いいたします。

客：値段を知りたいんですが。

スタッフ：かしこまりました。お部屋の種類のご希望と何名様のご宿泊かをお知らせ
いただけますか？

客：2人用のお部屋をお願いします。

スタッフ：いつから何泊のご宿泊ですか？

客：5月2日から3泊です。

スタッフ：ベッドが別々のお部屋がよろしいですか？

客：お願いします。あと、バスタブ付きの部屋がいいのですが。

スタッフ：1泊お1人様12,000円となります。朝食込みです。

客 ： では、部屋の予約をお願いします。

スタッフ ： 承知しました。お名前を頂けますか？

客 ： ハォ・ヨウシャンです。

スタッフ ： お名前のローマ字のつづりをお願いします。

客 ： H-A-O、Y-O-U、X-I-A-N-G-です。

スタッフ ： チェックインは3時からです。

客 ： Wi-Fiはありますか？

スタッフ ： はい、無料です。

客 ： はい、ありがとう。

スタッフ ： 5月2日にお待ち申し上げております。良い1日をお過ごしください。

※太字は本書に登場しているフレーズです。

電話(宿泊客向け)

フロントです。

<ruby>这里<rt>ヂョァリ</rt></ruby> <ruby>是<rt>シー</rt></ruby> <ruby>前台<rt>チエンタイ</rt></ruby>。

这里 是 前台。

zhèli shì qiántái.

すぐに手配いたします。

<ruby>我们<rt>ウオメン</rt></ruby> <ruby>马上<rt>マァシャァン</rt></ruby> <ruby>给<rt>ゲイ</rt></ruby> <ruby>您<rt>ニン</rt></ruby> <ruby>安排<rt>アンパイ</rt></ruby>。

我们 马上 给 您 安排。

Wǒmen mǎshàng gěi nín ānpái.

すぐに伺います。

<ruby>我<rt>ウオ</rt></ruby> <ruby>马上<rt>マァシャァン</rt></ruby> <ruby>就<rt>ジウ</rt></ruby> <ruby>去<rt>チュィ</rt></ruby>。

我 马上 就 去。

Wǒ mǎshàng jiù qù.

外線で林様よりお電話が入っております。

<ruby>外线<rt>ワイシエン</rt></ruby> <ruby>有<rt>ヨウ</rt></ruby> <ruby>林<rt>リン</rt></ruby> <ruby>先生<rt>シエンション</rt></ruby> <ruby>打来<rt>ダァライ</rt></ruby> <ruby>的<rt>ダ</rt></ruby> <ruby>电话<rt>ディエンホワ</rt></ruby>。

外线 有 林 先生 打来 的 电话。

Wàixiàn yǒu Lín xiānsheng dǎlái de diànhuà.

周様からご伝言がございました。

<ruby>前台<rt>チエンタイ</rt></ruby> <ruby>有<rt>ヨウ</rt></ruby> <ruby>周<rt>ヂョウ</rt></ruby> <ruby>女士<rt>ニュィシー</rt></ruby> <ruby>给<rt>ゲイ</rt></ruby> <ruby>您<rt>ニン</rt></ruby> <ruby>的<rt>ダ</rt></ruby> <ruby>留言<rt>リウイエン</rt></ruby>。

前台 有 周 女士 给 您 的 留言。

Qiántái yǒu Zhōu nǚshì gěi nín de liúyán.

 男性の名前を呼ぶ際は、姓の後ろに"先生 / シエンション / xiānsheng"、女性の名前を呼ぶ際は、姓の後ろに"女士 / ニュィシー / nǚshì"の敬称を付けるのが一般的です。

ただ今、担当の者に代わります。

マァシャァン　ウェイ　ニン　ジエトォン　デュウグワン　ロェンユエン.
马上 为 您 接通 主管 人员。
Mǎshàng wèi nín jiētōng zhǔguǎn rényuán.

客室アメニティ・備品			
● ドライヤー	电吹风	ディエンチュイフォン	diànchuīfēng
● 歯ブラシ	牙刷	ヤァシュワ	yáshuā
● 歯磨き粉	牙膏	ヤァガオ	yágāo
● かみそり	手动剃须刀	ショウドォン ティーシュィダオ	shǒudòng tìxūdāo
● トイレットペーパー	手纸/卫生纸	ショウヂー/ウェイションヂー	shǒuzhǐ/wèishēngzhǐ
● 冷蔵庫	冰箱	ビィンシアン	bīngxiāng
● テレビ	电视机	ディエンシージィ	diànshìjī
● 電気ポット	电热水瓶	ディエンロァ シュイピン	diànrè shuǐpíng
● 灰皿	烟灰缸	イエンホゥイガァン	yānhuīgāng
● ゴミ箱	垃圾桶	ラァジィトォン	lājītǒng
● 金庫	保险箱	バオシエンシアン	bǎoxiǎnxiāng
● コンセント	插座	チャアヅゥオ	chāzuò
● リモコン	遥控器	ヤオコォンチィ	yáokòngqì
● ハンガー	衣架	イィジア	yījià
● ベッド	床	チュアン	chuáng
● トイレ	洗手间/厕所	シィショウジエン/ツァスゥオ	xǐshǒujiān/cèsuǒ
● 目覚まし時計	闹钟	ナオヂォン	nàozhōng
● アイロン	熨斗	ュィンドウ	yùndǒu
● アイロン台	熨衣板	ュィンイィバン	yùnyībǎn
● エアコン	空调	コォンティアオ	kōngtiáo
● 栓抜き	起子/开瓶器	チィヅ/カイピィンチィ	qǐzi/kāipíngqì
● (お湯の入った)ポット	保温壶	バオウェンホゥ	bǎowēnhú

入浴

MP3 111

使用済みタオルは、脱衣所内の所定ボックスにお入れ
ください。

ヨングゥオ　ダ　　マオジン　　チィン　ファアンジン　ゲゥンイィシー　ネイ　ダ
用过　的　毛巾　请　放进　更衣室　内　的
マオジンクアン　リ.
毛巾筐　里。

Yòngguo de máojīn qǐng fàngjìn gēngyīshì nèi de máojīnkuāng li.

湯船にタオルを浸けないようにしてください。

チィン　ブゥヤオ　バァ　マオジン　ジンロゥ　ゥイチー　ネイ.
请　不要　把　毛巾　浸入　浴池　内。

Qǐng búyào bǎ máojīn jìnrù yùchí nèi.

湯船には体をすすいでからお入りください。

チィン　バァ　シェンティー　チォンガンジィン　ホウ　ヅァイ　ジン　ゥイチー.
请　把　身体　冲干净　后　再　进　浴池。

Qǐng bǎ shēntǐ chōnggānjìng hòu zài jìn yùchí.

⚠ 海外のお客様の中には、日本の入浴マナーを知らない方も多くいらっしゃい
ます。事前にお伝えしておくとよいでしょう。

湯船では泳がないようにしてください。

チィン　ブゥヤオ　ヅァイ　ゥイチー　　リ　　ヨウヨン.
请　不要　在　浴池　里　游泳。

Qǐng búyào zài yùchí li yóuyǒng.

🪭 西洋の入浴施設では、水着を着て入り、泳げるスタイルが主流です。浴槽で
泳いでいるお客様を発見したら、やさしくお伝えしましょう。

服はすべてお脱ぎください。

ジン　ユィチー　チエン　バァ　イィフ　ドウ　トゥオディアオ.
进 浴池 前 把 衣服 都 脱掉。
Jìn yùchí qián bǎ yīfu dōu tuōdiào.

水着の着用はご遠慮ください。

ジン　ユィチー　シー　ブゥ　ネゥン　チュワン　ヨンヂュアン.
进 浴池 时 不 能 穿 泳装。
Jìn yùchí shí bù néng chuān yǒngzhuāng.

床が滑りやすいのでご注意ください。

ディーバン　ヘン　ホワ, チィン　ダァジア　ヂュウイィ　ジアオシア.
地板 很 滑，请 大家 注意 脚下。
Dìbǎn hěn huá, qǐng dàjiā zhùyì jiǎoxià.

浴場は男女別になっております。

ユィチー　シー　ナンニュィ　フェンカイ　ダ.
浴池 是 男女 分开 的。
Yùchí shì nánnǚ fēnkāi de.

 「浴場は混浴です」は“洗浴场是男女混浴的/シィユィチャアン　シー　ナン
ニュィ　ホゥンユィ　ダ/xǐyùchǎng shì nánnǚ hùnyù de”です。

貸し切りでご利用いただけます。

ケァイィ　バオヅゥ　シーヨン.
可以 包租 使用。
Kěyǐ bāozū shǐyòng.

タオルは別料金です。

マオジン　リィンワイ　ショウフェイ.
毛巾 另外 收费。
Máojīn lìngwài shōufèi.

入浴施設でのタトゥー

温泉・プールなどで時々見かける表示に「タトゥー・入れ墨の方お断り」"紋身者谢绝入内"（ウェンシェンヂョァ　シエジュエ　ロゥネイ／wénshēnzhě xièjué rùnèi）"というものがあります。日本では歴史的にタトゥーに対して否定的な見方があり、それが今も残っているからですが、これは、外国人との摩擦の原因になる可能性があります。

というのも、タトゥーをファッションととらえる国や地域では、普通のサラリーマンであっても腕に好きな柄を彫ることは少なくないからです。また、ある文化にとっては、タトゥーを入れることが民族の習わしであり、誇りである場合さえあります。このような人たちにとって、タトゥーを理由とする入場拒否は、不当に差別されたような気持ちになるはずです。

日本において、タトゥーを拒絶する大きな理由の１つは治安の問題です。ただ、もしタトゥーを入れた外国人を受け入れる・受け入れないということと、治安に因果関係がないのであれば、観光立国の実現に力を入れている日本は、考え方を少し改める時期に差し掛かっているのかもしれません。

昨今では、文化としてのタトゥーに理解のある経営者が増えつつあり、入浴をOKとする銭湯、また、タトゥーを入浴時に隠すための小さなカバーシールを試験的に用意する宿泊施設も出てきています。日本の文化と相手の文化の両方を大切にしつつ、いかにして外国から来たお客様をおもてなしすべきなのか、私たちにはその知恵が求められています。

お部屋の掃除にまいりました。

ウオ　シー　ライ　ダァサオ　ファアンジエン　ダ.
我　是　来　打扫　房间　的。
Wǒ shì lái dǎsǎo fángjiān de.

私どもは、規則で鍵を開けられないことになっています。

ゲンジュィ　グゥイディン,　ウオメン　ブゥ　ネゥン　スゥイビエン　カイ　クファアン
根据　规定，我们　不　能　随便　开　客房
メン.
门。
Gēnjù guīdìng, wǒmen bù néng suíbiàn kāi kèfáng mén.

いつ頃お掃除いたしましょうか？

ニン　カン　シェンマ　シージエン　クァイィ　ダァサオ　ファアンジエン　ナ?
您　看　什么　时间　可以　打扫　房间　呢？
Nín kàn shénme shíjiān kěyǐ dǎsǎo fángjiān ne?

本日のお部屋のお掃除はどうなさいますか？

ニン　ダ　ファアンジエン　ジンティエン　ヤオ　ダァサオ　マ?
您　的　房间　今天　要　打扫　吗？
Nín de fángjiān jīntiān yào dǎsǎo ma?

お掃除不要の場合は、ドアノブへこの札を掛けておいてください。

ロゥグゥオ　ブゥ　シュィヤオ　ダァサオ　ファアンジエン,
如果　不　需要　打扫　房间，
チィン　バァ　チェイガ　パイヅ　グワヅァイ　メン　バァショウ　シャアン.
请　把　这个　牌子　挂在　门　把手　上。
Rúguǒ bù xūyào dǎsǎo fángjiān, qǐng bǎ zhèige páizi guàzài mén bǎshǒu shang.

クレームに対応する

MP3
113

お客様のおっしゃる通りです。

ニン　シュオダ　ヘン　ドゥイ.
您 说得 很 对。
Nín shuōde hěn duì.

お部屋を変えさせていただきます。

ウオメン　ゲイ　ニン　ホワン　イィ　ガ　ファアンジエン.
我们 给 您 换 一 个 房间。
Wǒmen gěi nín huàn yí ge fángjiān.

ご希望にお応えできず申し訳ございません。

フェイチャアン　バオチエン,
非常 抱歉,

ウオメン　ウゥファ　マンヅゥ　ニン　ダ　ヤオチウ.
我们 无法 满足 您 的 要求。
Fēicháng bàoqiàn, wǒmen wúfǎ mǎnzú nín de yāoqiú.

すべてのお客様に、こうした対応をさせていただいております。

ウオメン　ドゥイ　スゥオヨウ　ダ　ファロェン　ドウ　イィシートォンロェン.
我们 对 所有 的 客人 都 一视同仁。
Wǒmen duì suǒyǒu de kèrén dōu yíshìtóngrén.

担当の職員を厳重注意します。

ウオメン　ホゥイ　イエンリィ　ピィピィン　ゴォンヅゥオ　ロェンユエン.
我们 会 严厉 批评 工作 人员。
Wǒmen huì yánlì pīpíng gōngzuò rényuán.

ご意見を今後の参考にさせていただきます。

ウオメン　ホゥイ　バァ　ニン　ダ　イィジエン　ヅゥオウェイ
我们　会　把　您　的　意见　作为

ジンホウ　ゴォンヅゥオ　ダ　ツァンカオ.
今后　工作　的　参考。

Wǒmen huì bǎ nín de yìjiàn zuòwéi jīnhòu gōngzuò de cānkǎo.

今後このようなことがないよう留意いたします。

ウオメン　ホゥイ　ヌゥリィ　ヅゥオダオ　ジンホウ　ビィミエン　ルイスー
我们　会　努力　做到　今后　避免　类似

シーチィン　ファアション.
事情　发生。

Wǒmen huì nǔlì zuòdào jīnhòu bìmiǎn lèisì shìqing fāshēng.

恐れ入りますが、これが私どものベストです。

ドゥイブチィ,　ウオメン　イィジィン　ジンラ　ヅゥイダァ　ヌゥリィ.
对不起，我们　已经　尽了　最大　努力。

Duìbuqǐ, wǒmen yǐjīng jǐnle zuìdà nǔlì.

ご理解・ご協力をお願い申し上げます。

シィワァン　ニン　ネゥン　リィジエ　ビィン　ジィユィ　ホァヅゥオ.
希望　您　能　理解　并　给予　合作。

Xīwàng nín néng lǐjiě bìng jǐyǔ hézuò.

チェックアウトですか？

ニン　ヤオ　トゥイファアン　マ？
您 要 退房 吗?
Nín yào tuìfáng ma?

チェックアウトは正午までにお願いします。

チィン　ヅァイ　ヂォンウゥ　ヂーチエン　バン　トゥイファアン　ショウシュィ.
请 在 中午 之前 办 退房 手续。
Qǐng zài zhōngwǔ zhīqián bàn tuìfáng shǒuxù.

「正午」は"中午12点／ヂォンウゥ　シーアル　ディエン/zhōngwǔ shí'èr diǎn"とも言い換えられます。夜中の12時は"零点／リィン　ディエン/líng diǎn"または"午夜12点／ウゥイエ　シーアル　ディエン/wǔyè shí'èr diǎn"。

お忘れ物はございませんか？

ニン　ダ　ドォンシ　ドウ　ナァラ　マ？
您 的 东西 都 拿了 吗?
Nín de dōngxi dōu nále ma?

ご満足いただけましたか？

ニン　ヂュウダ　マンイィ　マ？
您 住得 满意 吗?
Nín zhùde mǎnyì ma?

お部屋はいかがでしたか？

ニン　ドゥイ　ファアンジエン　マンイィ　マ？
您 对 房间 满意 吗?
Nín duì fángjiān mǎnyì ma?

よろしければこのアンケートにお答えください。

<ruby>可<rt>クァイィ</rt></ruby><ruby>以<rt>ダ</rt></ruby> <ruby>的<rt>ホワ</rt></ruby> <ruby>话<rt></rt></ruby>，<ruby>麻<rt>マァファン</rt></ruby><ruby>烦<rt></rt></ruby> <ruby>您<rt>ニン</rt></ruby> <ruby>填<rt>ティエンシエ</rt></ruby><ruby>写<rt></rt></ruby> <ruby>一<rt>イィシア</rt></ruby><ruby>下<rt></rt></ruby> <ruby>这<rt>ヂェイ</rt></ruby>

<ruby>张<rt>ヂァアン</rt></ruby> <ruby>调<rt>ディアオチァア</rt></ruby><ruby>查<rt></rt></ruby> <ruby>问<rt>ウェンジュエン</rt></ruby><ruby>卷<rt></rt></ruby>。

Kěyǐ de huà, máfan nín tiánxiě yíxià zhèi zhāng diàochá wènjuàn.

 「アンケート」は "调查表 / ディアオチャアビアオ /diàochábiǎo" とも言います。

スーツケースを玄関までお持ちします。

<ruby>我<rt>ウオメン</rt></ruby><ruby>们<rt></rt></ruby> <ruby>会<rt>ホゥイ</rt></ruby> <ruby>帮<rt>バァン</rt></ruby> <ruby>您<rt>ニン</rt></ruby> <ruby>把<rt>バァ</rt></ruby> <ruby>旅<rt>リュイシィンシアン</rt></ruby><ruby>行<rt></rt></ruby><ruby>箱<rt></rt></ruby> <ruby>拿<rt>ナァダオ</rt></ruby><ruby>到<rt></rt></ruby> <ruby>门<rt>メンコウ</rt></ruby><ruby>口<rt></rt></ruby>。

Wǒmen huì bāng nín bǎ lǚxíngxiāng nádào ménkǒu.

シャトルバスは20分に1本出ます。

<ruby>穿<rt>チュワンスゥオ</rt></ruby><ruby>梭<rt></rt></ruby> <ruby>巴<rt>バァシー</rt></ruby><ruby>士<rt></rt></ruby> <ruby>每<rt>メイ</rt></ruby> <ruby>二<rt>アルシー</rt></ruby><ruby>十<rt></rt></ruby> <ruby>分<rt>フェンヂォン</rt></ruby><ruby>钟<rt></rt></ruby> <ruby>发<rt>ファア</rt></ruby> <ruby>一<rt>イィ</rt></ruby> <ruby>趟<rt>タァン</rt></ruby>

<ruby>车<rt>チョア</rt></ruby>。

Chuānsuō bāshì měi èrshí fēnzhōng fā yí tàng chē.

チェックアウトの延長は1時間につき1,000円です。

<ruby>延<rt>イエンシー</rt></ruby><ruby>时<rt></rt></ruby> <ruby>退<rt>トゥイファアン</rt></ruby><ruby>房<rt></rt></ruby> <ruby>每<rt>メイ</rt></ruby> <ruby>小<rt>シアオシー</rt></ruby><ruby>时<rt></rt></ruby> <ruby>加<rt>ジアショウ</rt></ruby><ruby>收<rt></rt></ruby> <ruby>1000<rt>イィチエン</rt></ruby> <ruby>日<rt>リーユエン</rt></ruby><ruby>元<rt></rt></ruby>。

Yánshí tuìfáng měi xiǎoshí jiāshōu yìqiān Rìyuán.

写真を撮る

MP3
115

写真をお撮りしましょうか？

ウオ　ライ　ゲイ　ニン　パイヂャオ　バ?
我 来 给 您 拍照 吧?
Wǒ lái gěi nín pāizhào ba?

少し内側に寄ってください。

チン　ワン　リ　カオカオ.
请 往 里 靠靠。
Qǐng wǎng li kàokao.

全員入らないので、詰めてください。

ダァジア　ワン　リ　ジィジ,　ブゥロアン　ヂャオブチュエン
大家 往 里 挤挤，不然 照不全。
Dàjiā wǎng li jǐji, bùrán zhàobuquán.

中腰になってください。

チン　シャオウェイ　ドゥン　イィシア.
请 稍微 蹲 一下。
Qǐng shāowēi dūn yíxià.

 「しゃがんでください」は、"请蹲下/チン　ドゥンシア/qǐng dūnxia"です。
なお、「和風トイレ」のことを"蹲厕/ドゥンツァ/dūncè"と言います。

フラッシュを使ってもいいですか？

ウオ　クァイイ　ダァカイ　シャングアンデゥン　マ?
我 可以 打开 闪光灯 吗?
Wǒ kěyǐ dǎkāi shǎnguāngdēng ma?

はい、チーズ。

ヤオ　パイラ,　チエヅ!
要　拍了，茄子!
Yào pāile, qiézi!

 笑顔を作るのが目的のフレーズです。"笑一笑／シアオ　イ　シアオ／xiào yi xiào" でもよいでしょう。

イチ、ニ、サンで撮ります。イチ、ニ、サン。

ウオ　シュオ　イィ、アル、サン　ホウ　パイ。　イィ、アル、サン!
我　说　1、2、3　后　拍。1、2、3!
Wǒ shuō yī、èr、sān hòu pāi. Yī、èr、sān!

 "3" を言うタイミングでシャッターを切ります。

目をつぶりましたよ。

ニン　ビィ　イエンジィン　ラ.
您　闭　眼睛　了。
Nín bì yǎnjing le.

写真を確かめてもらえますか？

ニン　ライ　カンカン　ヂャオダ　ヅェンマヤン?
您　来　看看　照得　怎么样?
Nín lái kànkan zhàode zěnmeyàng?

ぶれてしまったので、もう1枚撮りますね。

ジアオディエン　メイ　ドゥイヂュン,　ヅァイ　パイ　イィ　ヂャァン　バ.
焦点　没　对准，　再　拍　一　张　吧。
Jiāodiǎn méi duìzhǔn, zài pāi yì zhāng ba.

 「もう1枚撮ってもいいですか？」なら"可以再拍一张吗?／クァイイ　ヅァイ　パイ　イィ　ヂャァン　マ?／Kěyi zài pāi yì zhāng ma?" です。

撮りますよ、動かないでください。

ウオ　ヤオ　ヂャオラ，チィン　ブゥヤオ　ドォン．
我　要　照了，请　不要　动。
Wǒ yào zhàole, qǐng bùyào dòng.

 写真撮影

パターン①

职员：我来帮你们拍照吧？

顾客：谢谢！麻烦您了，用这个 iPhone。

职员：按这个按钮就可以吗？

顾客：对。

职员：**大家再往里挤挤。**

顾客：这样可以吗？

职员：好，**茄子！**

顾客：茄子！谢谢！

职员：不客气。

職員：写真をお撮りしましょうか？
　客：はい、お願いします。このiPhoneで。
職員：ここのボタンを押すだけですか？
　客：そうです。
職員：もう少し内側に寄ってください。
　客：こんな感じですか？
職員：はい、チーズ！
　客：チーズ！　ありがとうございます。
職員：どういたしまして。

顾客：您能帮我们拍张照片吗?

职员：好的。

顾客：快门先按下一半调焦距，之后再全部按下去。

职员：**大家**再**往里挤挤**，前面的人**稍微蹲一下**。我说1、2、3后就拍了。1、2、3。你来看看可以吗?

顾客：照得挺好的。谢谢您。

客 ：写真を撮ってくれませんか?

職員：もちろん、いいですよ。

客 ：半押しで焦点を定めて、それから全押ししてください。

職員：皆さん、もう少し内側に詰めてください。前の人は中腰に。イチ、ニ、サンで撮りますよ。イチ、ニ、サン。写真を確認してもらえますか?

客 ：よく撮れていますね。ありがとうございます。

宿泊・レジャー・美容業

※太字は本書に登場しているフレーズです。

代表の方のサインをお願いします。

チィン　リィンドゥイ　チエンミィン．
请　领队　签名。
Qǐng lǐngduì qiānmíng.

こちらの免責同意書にご記入ください。

チィン　ティエンシエ　ヂェイ　フェン　ミエンヅァ　シエイィシュウ．
请　填写　这　份　免责　协议书。
Qǐng tiánxiě zhèi fèn miǎnzé xiéyìshū.

キャンセルや払い戻しはできません。

ブゥ　ネゥン　チュイシアオ　イィジィ　ヤオチウ　トゥイクワン．
不　能　取消　以及　要求　退款。
Bù néng qǔxiāo yǐjí yāoqiú tuìkuǎn.

ツアーには動きやすい／暖かい服装でご参加ください。

ツァンジア　リュィヨウトワン　シー，
参加　旅游团　时,
チィン　ヂュウイィ　フゥヂュアン　ヤオ　チィンビエン／バオヌワン．
请　注意　服装　要　轻便／保暖。
Cānjiā lǚyóutuán shí, qǐng zhùyì fúzhuāng yào qīngbiàn/bǎonuǎn.

ハイヒール、スカートではツアーにはご参加いただけません。

ジュィジュエ　チュワン　ガオゲンシエ　ホァ　チュィンヅ　ダ　ロェン　ツァンジア
拒绝　穿　高跟鞋　和　裙子　的　人　参加
リュィヨウトワン．
旅游团。
Jùjué chuān gāogēnxié hé qúnzi de rén cānjiā lǚyóutuán.

別料金で用具のレンタルがございます。

ティーゴォン　ヨウグワン　ヂュアンベイ　チュウヅゥ.
提供　　有关　装备　　出租。
Tígōng yǒuguān zhuāngbèi chūzū.

虫よけスプレーのご準備をおすすめします。

トゥイジエン　ニン　　ヂュンベイハオ　チュイチォン　ペンウゥ.
推荐　　您　准备好　　驱虫　　喷雾。
Tuījiàn nín zhǔnbèihǎo qūchóng pēnwù.

お手洗いを済ませておくことをおすすめします。

ダァジア　ヅゥイ　ハオ　チュウファア　チエン　チュィ　イィ　　タァン
大家　最　好　出发　前　去　一　趟

シィショウジエン.
洗手间。
Dàjiā zuì hǎo chūfā qián qù yí tàng xǐshǒujiān.

酔い止めのご準備をおすすめします。

チィン　ダァジア　　ヅゥオハオ　ファアンユィンチョァ　ヂュンベイ.
请　大家　　做好　　防晕车　　准备。
Qǐng dàjiā zuòhǎo fángyùnchē zhǔnbèi.

ツアー開始の10分前にこちらに集合してください。

リュィヨウトワン　チュウファア　シー　　フェンヂォン　チエン,
旅游团　　出发　十　　分钟　　前,

チィン　ダオ　ヂョァリ　ジィホァ.
请　到　这里　集合。
Lǚyóutuán chūfā shí fēnzhōng qián, qǐng dào zhèli jíhé.

ツアーに参加される方は、こちらにお集まりください。

リュィヨウトワン　ダ　　グァウェイ　チョンユエン,
旅游团　的　各位　　成员,

チィン　ダオ　ヂョァリ　ジィホァ.
请　到　这里　集合。
Lǚyóutuán de gèwèi chéngyuán, qǐng dào zhèli jíhé.

はぐれないように私の後をついてきてください。

チィン ゲン ヅァイ ウオ ホウミエン イィ ファアン ヅォウ サン.

请 跟 在 我 后面 以 防 走 散。

Qǐng gēn zài wǒ hòumian yǐ fáng zǒu sàn.

 旗を持っていれば、"请大家注意我举的旗子，以防走散。/チィン ダァジア ヂュウイィ ウオ ジュィ ダ チィヅ，イィ ファアン ヅォウ サン./ Qǐng dàjiā zhùyì wǒ jǔ de qízi, yǐ fáng zǒu sàn."（私の持っている旗を見失わないようにしてください）と言ってもよいでしょう。

トイレに行きたくなったら教えてください。

ロゥグゥオ シアン チュィ シィショウジエン, チィン ガオス ウオ.

如果 想 去 洗手间, 请 告诉 我。

Rúguǒ xiǎng qù xǐshǒujiān, qǐng gàosu wǒ.

 「トイレ」は "厕所/ツァスゥオ/cèsuǒ" と言うこともできます。

体調が悪くなったら教えてください。

ロゥグゥオ ガンダオ ブゥ シュウフ, チィン ガオス ウオ.

如果 感到 不 舒服, 请 告诉 我。

Rúguǒ gǎndào bù shūfu, qǐng gàosu wǒ.

出発時間は2時30分です。それまでにバスにお戻りください。

チュウファア シージエン シー リアン ディエン バン,

出发 时间 是 2 点 半,

チィン ダァジア リアン ディエン バン チエン ホゥイダオ チョァ リ.

请 大家 2 点 半 前 回到 车 里。

Chūfā shíjiān shì liǎng diǎn bàn, qǐng dàjiā liǎng diǎn bàn qián huídào chē li.

ツアー

● 半日ツアー	半日游	バンリーヨウ	bànrìyóu
● 1日ツアー	一日游	イィリーヨウ	yírìyóu
● 集合場所	集合地点	ジィホァ ディーディエン	jíhé dìdiǎn
● 目的地	目的地	ムゥディーディー	mùdìdì
● 送迎サービス	接送服务	ジエソォン フゥウゥ	jiēsòng fúwù
● 神社	神社	シェンショァ	shénshè
● 寺院	寺院	スーユエン	sìyuàn
● 庭園	庭园	ティンユエン	tíngyuán
● 港	海港	ハイガァン	hǎigǎng
● 海岸	海滨	ハイビン	hǎibīn
● 人力車	人力车	ロェンリィチョァ	rénlìchē
● 動物園	动物园	ドォンウゥユエン	dòngwùyuán
● 遊園地	游乐场	ヨウルァチァアン	yóulèchǎng
● 水族館	水族馆	シュイヅゥグワン	shuǐzúguǎn
● 美術館	美术馆	メイシュウグワン	měishùguǎn
● 博物館	博物馆	ボォウゥグワン	bówùguǎn
● 朝市	早市	ヅァオシー	zǎoshì
● 地元工芸品	当地的工艺品	ダァンディー ダ ゴォン イィピン	dāngdì de gōngyìpǐn
● 予想所要時間	预估时间	ユィグゥ シージエン	yùgū shíjiān
● 食事	餐/饭	ツァン/ファン	cān/fàn
● 料金	费用	フェイヨン	fèiyòng
● 世界遺産	世界遗产	シージエ イィチャン	shìjiè yíchǎn
● 参加者	参加者	ツァンジアヂョァ	cānjiāzhě
● 通訳ガイド	导游	ダオヨウ	dǎoyóu

4 宿泊・レジャー・美容業

乗車時間は10分です。

ヅゥオ　シー　　フェンヂォン.
坐　十　分钟。
Zuò shí fēnzhōng.

定員は6名です。

ヅゥイ　ドゥオ　ネゥン　ヅゥオ　リウ　　ガ　　ロェン.
最　多　能　坐　六　个　人。
Zuì duō néng zuò liù ge rén.

安全ベルトをお締めください。

チィン　ジィハオ　　アンチュエンダイ.
请　系好　安全带。
Qǐng jìhǎo ānquándài.

安全バーで固定してください。

チィン　バァ　アンチュエンガン　コウハオ.
请　把　安全杆　扣好。
Qǐng bǎ ānquángān kòuhǎo.

アトラクションの復旧には30分かかります。

ヨウルァ　　ショァシー　ホゥイフゥ　ユィンシィン　シュィヤオ　　サンシー　　　フェンヂォン.
游乐　设施　恢复　运行　需要　三十　分钟。
Yóulè shèshī huīfù yùnxíng xūyào sānshí fēnzhōng.

乗車される方の人数分のチケットが必要です。

メイウェイ　チョンクァ　ドゥ　　シュィヤオ　マイ　　ピアオ.
每位　乘客　都　需要　买　票。
Měiwèi chéngkè dōu xūyào mǎi piào.

こちらの乗り物は、午後5時で受付終了です。

<ruby>这<rt>ヂェイガ</rt></ruby>个　<ruby>游乐<rt>ヨウルァ</rt></ruby>　<ruby>设施<rt>ショァシー</rt></ruby>　<ruby>下午<rt>シアウゥ</rt></ruby>　<ruby>5<rt>ウゥ</rt></ruby>　<ruby>点<rt>ディエン</rt></ruby>　<ruby>结束<rt>ジエシュウ</rt></ruby>

<ruby>检票<rt>ジエンピアオ</rt></ruby>。

Zhèige yóulè shèshī xiàwǔ wǔ diǎn jiéshù jiǎnpiào.

主な乗り物には"过山车/グゥオシャンチョァ/guòshānchē"(ジェットコースター)、"云霄飞车/ユィンシアオ　フェイチョァ/yúnxiāo fēichē"(これもジェットコースター)、"摩天轮/モゥティエンルン/mótiānlún"(大観覧車)、"旋转木马/シュエンヂュワン　ムゥマァ/xuánzhuǎn mùmǎ"(メリーゴーラウンド)などがあります。"缆车/ランチョァ/lǎnchē"は「ロープウェイ」です。

3歳以下のお子様には、大人の付き添いが必要です。

<ruby>3<rt>サン</rt></ruby>　<ruby>岁<rt>スゥイ</rt></ruby>　<ruby>以下<rt>イィシア</rt></ruby>　<ruby>幼儿<rt>ヨウアル</rt></ruby>　<ruby>必须<rt>ビィシュィ</rt></ruby>　<ruby>要<rt>ヤオ</rt></ruby>　<ruby>有<rt>ヨウ</rt></ruby>　<ruby>大人<rt>ダァロェン</rt></ruby>

<ruby>陪同<rt>ペイトォン</rt></ruby>。

Sān suì yǐxià yòu'ér bìxū yào yǒu dàrén péitóng.

身長120センチ未満のお子様はご乗車になれません。

<ruby>身高<rt>シェンガオ</rt></ruby>　<ruby>不足<rt>ブゥヅゥ</rt></ruby>　<ruby>120<rt>イィバイアルシー</rt></ruby>　<ruby>厘米<rt>リィミィ</rt></ruby>　<ruby>的<rt>ダ</rt></ruby>　<ruby>儿童<rt>アルトォン</rt></ruby>　<ruby>不<rt>ブゥ</rt></ruby>

<ruby>能<rt>ネゥン</rt></ruby>　<ruby>乘坐<rt>チョンヅゥオ</rt></ruby>。

Shēngāo bùzú yìbǎi'èrshí límǐ de értóng bù néng chéngzuò.

申し訳ありませんが、安全規定に満たないためご乗車になれません。

<ruby>很<rt>ヘン</rt></ruby>　<ruby>抱歉<rt>バオチエン</rt></ruby>，　<ruby>根据<rt>ゲンジュィ</rt></ruby>　<ruby>安全<rt>アンチュエン</rt></ruby>　<ruby>规定<rt>グゥイディン</rt></ruby>，

<ruby>您<rt>ニン</rt></ruby>　<ruby>不<rt>ブゥ</rt></ruby>　<ruby>能<rt>ネゥン</rt></ruby>　<ruby>乘坐<rt>チョンヅゥオ</rt></ruby>。

Hěn bàoqiàn, gēnjù ānquán guīdìng, nín bù néng chéngzuò.

こちらで身長を測らせていただけますか？

チン ヅァイ ヂェイビエン リアン イィシア シェンガオ ハオ マ?
请 在 这边 量 一下 身高 好 吗?

Qǐng zài zhèibian liáng yíxià shēngāo hǎo ma?

天井が低くなっているのでご注意ください。

ティエンホワバン ジアオ ディー, チン ヂュウイィ ブゥヤオ ポントウ.
天花板 较 低， 请 注意 不要 碰头。

Tiānhuābǎn jiào dī, qǐng zhùyì búyào pèngtóu.

安全上の理由のため、ポケットの中身をすべて出してください。

ウェイラ アンチュエン, イィフ コウダイ リ ブゥヤオ ヂュアン
为了 安全，衣服 口袋 里 不要 装

ロェンホァ ドォンシ.
任何 东西。

Wèile ānquán, yīfu kǒudài li búyào zhuāng rènhé dōngxi.

貴重品はロッカーに入れて、鍵を掛けてください。

チン バァ グゥイヂォン ウゥピン ファアンヅァイ ツンウーグゥイ リ ビィン
请 把 贵重 物品 放在 存物柜 里 并

スゥオハオ.
锁好。

Qǐng bǎ guìzhòng wùpǐn fàngzài cúnwùguì li bìng suǒhǎo.

コインは後で戻ってきます。

ドォンシ チュイチュウ ホウ トウジン ダ イィンビィ ホウイ トゥイホワン ニン.
东西 取出 后 投进 的 硬币 会 退还 您。

Dōngxi qǔchū hòu tóujìn de yìngbì huì tuìhuán nín.

乗り物から手や顔を出さないようにしてください。

チン ブゥヤオ バァ トウ ホァ ショウ シェンチュウ チョァワイ.
请 不要 把 头 和 手 伸出 车外。

Qǐng búyào bǎ tóu hé shǒu shēnchū chēwài.

中国語のパンフレットです。

ヂョア　シー　ヂォンウェン　ジエンジエ.
这　是　中文　　简介。
Zhè shì Zhōngwén jiǎnjiè.

中国語ツアーは午後3時に始まります。

シアウゥ　サン　ディエン　ヨウ　ヂォンウェン　ダオヨウ　フゥウゥ.
下午　3　点　有　中文　　导游　服务。
Xiàwǔ sān diǎn yǒu Zhōngwén dǎoyóu fúwù.

中国語の音声ガイドをお使いになりますか？

ニン　シュィヤオ　ヂォンウェン　ディエンズー　ダオヨウ　マ？
您　需要　中文　　电子　导游　吗?
Nín xūyào Zhōngwén diànzǐ dǎoyóu ma?

どちらの席をご希望ですか？

ニン　ヤオ　ヂーディン　ヅゥオウェイ　マ？
您　要　指定　座位　吗?
Nín yào zhǐdìng zuòwèi ma?

飲食は、決められた場所でお願いいたします。

チィン　ヅァイ　ヂーディン　チャアンスゥオ　インシー.
请　在　指定　场所　饮食。
Qǐng zài zhǐdìng chǎngsuǒ yǐnshí.

4
宿泊・レジャー・美容業

213

● 常設展	常设展览	チャアンショア　ヂャンラン	chángshè zhǎnlǎn
● 特別展	特别展览	トァビエ　ヂャンラン	tèbié zhǎnlǎn
● 屋外展示	室外展览	シーワイ　ヂャンラン	shìwài zhǎnlǎn
● 寄付・寄贈	捐赠	ジュエンヅゥン	juānzèng
● 考古	考古	カオグゥ	kǎogǔ
● 彫刻	雕刻	ディアオクァ	diāokè
● 絵画	绘画	ホゥイホワ	huìhuà
● 書	书法	シュウファア	shūfǎ
● 武具	盔甲	クゥイジア	kuījiǎ
● 陶磁	陶瓷	タオツー	táocí
● 漆工	漆器工艺	チィチィ　ゴォンイィ	qīqì gōngyì
● 染織	染织工艺	ロァンヂー　ゴォンイィ	rǎnzhī gōngyì
● 工芸	工艺	ゴォンイィ	gōngyì
● 民芸	民间艺术	ミンジエン　イィシュウ	mínjiān yìshù
● 国宝	国宝	グゥオバオ	guóbǎo
● 展示中	正在展出	ヂョンヅァイ　ヂャンチュウ	zhèngzài zhǎnchū
● 一般向け プログラム	面向普通观众 的内容编排	ミエンシアン　プゥトォン グワンヂォン　ダ　ネイロォン　ビエンパイ	miànxiàng pǔtōng guānzhòng de nèiróng biānpái
● 有効な 学生証	有效的学生证	ヨウシアオ　ダ　シュエショ ンヂョン	yǒuxiào de xuéshēngzhèng
● 指定席	对号座位	ドゥイハオ　ヅゥオウェイ	duìhào zuòwèi
● 自由席	自由座位	ヅーヨウ　ヅゥオウェイ	zìyóu zuòwèi
● ベビーカー	婴儿车	イィンアルチョア	yīng'érchē
● 授乳室	母婴室	ムゥイィンシー	mǔyīngshì
● 車いす	轮椅	ルンイィ	lúnyǐ
● おむつ 交換台	换尿布台	ホワンニアオブゥタイ	huànniàobùtái
● 多目的 トイレ	多功能卫生间	ドゥオゴォンネゥン ウェイションジエン	duōgōngnéng wèishēngjiān

入場料は1,000円です。

ロゥチァンフェイ シー イィチエン リーユエン.
入场费 是 1000 日元。
Rùchǎngfèi shì yìqiān Rìyuán.

チケットは何名様分必要ですか？

ニン ヤオ マイ ジィ ヂァン ピアオ?
您 要 买 几 张 票?
Nín yào mǎi jǐ zhāng piào?

このチケットでは入れません。

ヂェイ ヂァン ピアオ ブゥ ネゥン ヨン.
这 张 票 不 能 用。
Zhèi zhāng piào bù néng yòng.

乗車券は別途ご購入ください。

チョンチョァピアオ ヤオ リィンワイ ゴウマイ.
乘车票 要 另外 购买。
Chéngchēpiào yào lìngwài gòumǎi.

整理券を配布します。

シアミエン フェンファア ヂョンリィチュエン.
下面 分发 整理券。
Xiàmiàn fēnfā zhěnglǐquàn.

本日は、私が担当させていただきます。

ジンティエン ヨウ ウオ ライ ウェイ ニン フゥウゥ.
今天 由 我 来 为 您 服务。
Jīntiān yóu wǒ lái wèi nín fúwù.

 "我叫…/ウオ ジアオ…/wǒ jiào…"(私は…です)と自分の名前を言った後、
この文を続けるとよいでしょう。

どのコースになさいますか？

ニン シュエンヅァ シェンマ シアンムゥ ナ?
您 选择 什么 项目 呢?
Nín xuǎnzé shénme xiàngmù ne?

こちらにお着替えください。

チィン ニン ゲゥンイィ.
请 您 更衣。
Qǐng nín gēngyī.

あおむけになってください。

チィン ニン リエン チャオ シャァン タァンヂャ.
请 您 脸 朝 上 躺着。
Qǐng nín liǎn cháo shàng tǎngzhe.

うつぶせになってください。

チィン ニン ミエン チャオ シア タァンヂャ.
请 您 面 朝 下 躺着。
Qǐng nín miàn cháo xià tǎngzhe.

体のどこがつらいですか？

ニン　ジュエダ　ネイガ　ブゥウェイ　ブゥ　シュウフ　ナ？
您 觉得 哪个 部位 不 舒服 呢?
Nín juéde něige bùwèi bù shūfu ne?

特に凝っているところはございますか？

ヨウ　トァビエ　スワントゥン　ダ　ブゥウェイ　マ？
有 特别 酸痛 的 部位 吗?
Yǒu tèbié suāntòng de bùwèi ma?

 "觉得酸痛吗?/ジュエダ　スワントォン　マ?/Juéde suāntòng ma?"（何か
張りはございますか？）と言っても構いません。

力加減はいかがですか？

チェイガ　リィドゥ　クァイイ　マ？
这个 力度 可以 吗?
Zhèige lìdù kěyǐ ma?

 もう少し強くしてほしいと思うお客様は、"力度可以再加大一点/リィドゥ
クァイイ　ヅァイ　ジアダァ　イィディェン/lìdù kěyǐ zài jiādà yìdiǎn" など
と答えるでしょう。

ケガはありますか？

ヨウ　ショウグゥオ　シャァン　ダ　ディーファアン　マ？
有 受过 伤 的 地方 吗?
Yǒu shòuguo shāng de dìfang ma?

触られたくないところはありますか？

ヨウ　ブゥ　ユエンイィ　ロァァン　ロェン　ポンチュウ　ダ　ディーファアン　マ？
有 不 愿意 让 人 碰触 的 地方 吗?
Yǒu bú yuànyì ràng rén pèngchù de dìfang ma?

物足りないところはありますか？

ヨウ　アンダ　ブゥ　ゴウ　ダ　ディーファアン　マ?
有　按得　不　够　的　地方　吗?

Yǒu ànde bú gòu de dìfang ma?

（パック時などに）ゆっくりお休みください。

チィン　ニン　シウシ　イィホアル.
请　您　休息　一会儿。

Qǐng nín xiūxi yíhuìr.

クリームを塗ります。

ウオ　ゲイ　ニン　トゥシャァン　ホゥフゥシュアン.
我　给　您　涂上　护肤霜。

Wǒ gěi nín túshang hùfūshuāng.

膝を曲げてください。

チィン　チュイシィ.
请　屈膝。

Qǐng qūxī.

膝を伸ばしてください。

チィン　シェンヂー　トゥイ.
请　伸直　腿。

Qǐng shēnzhí tuǐ.

お疲れさまでした。

ゲイ　ニン　ヅゥオワンラ.
给　您　做完了。

Gěi nín zuòwánle.

 日本語を直訳するより、このような場面ではストレートに終了を告げるのが自然です。

エステ・マッサージ店

日本語	中国語	カタカナ	ピンイン
● 更衣室	更衣室	ゲゥンイィシー	gēngyīshì
● 体を起こす	坐起来	ヅゥオチライ	zuòqǐlai
● 腕を<u>上げる</u>／<u>下げる</u>	举起/放下手臂	ジュィチィ/ファアンシア ショウビィ	jǔqǐ/fàngxià shǒubì
● 体を拭く	擦拭身体	ツァアシー シェンティー	cāshì shēntǐ
● 痛い	疼/痛	テゥン/トォン	téng/tòng
● もっと<u>強く</u>／<u>弱く</u>	再重/轻一些	ヅァイ ヂォン/チィン イィシエ	zài zhòng/qīng yìxiē
● <u>上</u>／<u>下</u>半身	上/下半身	シャァン/シアバンシェン	shàng/xiàbànshēn
● 強さ加減	力度	リィドゥ	lìdù
● つぼ	穴位	シュエウェイ	xuéwèi
● むくみ	浮肿	フゥヂォン	fúzhǒng
● 凝り	僵硬	ジアンイィン	jiāngyìng
● 老廃物	代谢废物	ダイシエ フェイウゥ	dàixiè fèiwù
● 脱毛	脱毛	トゥオマオ	tuōmáo
● 美顔エステ	面部护理	ミエンブゥ ホゥリィ	miànbù hùlǐ
● 痩身エステ	瘦身	ショウシェン	shòushēn
● ハーブティー	花草茶	ホワツァオチァア	huācǎochá
● カルテ	病历	ビィンリィ	bìnglì
● 持病	慢性病	マンシィンビィン	mànxìngbìng
● 貴重品	贵重物品	グゥイヂォン ウゥピン	guìzhòng wùpǐn

④ 宿泊・レジャー・美容業

中国語か英語の雑誌をお持ちしましょうか？

ウオ　ゲイ　ニン　ナァ　イィ　ベン　ヂォンウェン　ホゥオ　イィンウェン
我　给　您　拿　一　本　中文　或　英文

ザァヂー　ライ　バ?
杂志　来　吧?

Wǒ gěi nín ná yì běn Zhōngwén huò Yīngwén zázhì lái ba?

　外国語の雑誌がない場合は、"中文或英文"の部分を取ります。

今日はどのようになさいますか？

チィン　ウェン　ニン　ヤオ　ジエンファア　ハイシ　タァンファア?
请　问　您　要　剪发　还是　烫发?

Qǐng wèn nín yào jiǎnfà háishi tàngfà?

　"剪发"は「カット」、"烫发"は「パーマ」、"染发／ロァンファア／rǎnfà"は「カラーリング」です。どれにするのかを具体的に聞くとよいでしょう。

スタイリストのご指名はございますか？

ニン　ヤオ　ヂーディン　ファアシィンシー　マ?
您　要　指定　发型师　吗?

Nín yào zhǐdìng fàxíngshī ma?

ヘアカタログからお選びください。

チィン　ニン　ツォン　ファアシィンシュウ　シァン　シュエンヅァ　イィ　クワン.
请　您　从　发型书　上　选择　一　款。

Qǐng nín cóng fàxíngshū shang xuǎnzé yì kuǎn.

椅子を倒します。

<ruby>我<rt>ウオ</rt></ruby> <ruby>把<rt>バァ</rt></ruby> <ruby>座椅<rt>ヅゥオイィ</rt></ruby> <ruby>靠背<rt>カオベイ</rt></ruby> <ruby>放倒<rt>ファアンダオ</rt></ruby>。

Wǒ bǎ zuòyǐ kàobèi fàngdǎo.

椅子を起こします。

<ruby>我<rt>ウオ</rt></ruby> <ruby>把<rt>バァ</rt></ruby> <ruby>座椅<rt>ヅゥオイィ</rt></ruby> <ruby>靠背<rt>カオベイ</rt></ruby> <ruby>调直<rt>ティアオヂー</rt></ruby>。

Wǒ bǎ zuòyǐ kàobèi tiáozhí.

シャンプー台に移動してください。

<ruby>请<rt>チィン</rt></ruby> <ruby>您<rt>ニン</rt></ruby> <ruby>到<rt>ダオ</rt></ruby> <ruby>洗发台<rt>シィファアタイ</rt></ruby>。

Qǐng nín dào xǐfàtái.

（シャンプー時に）首の位置は大丈夫ですか？

<ruby>您<rt>ニン</rt></ruby> <ruby>这样<rt>ヂェイヤン</rt></ruby> <ruby>躺着<rt>タァンヂャ</rt></ruby> <ruby>有<rt>ヨウ</rt></ruby> <ruby>什么<rt>シェンマ</rt></ruby> <ruby>不<rt>ブゥ</rt></ruby> <ruby>适<rt>シー</rt></ruby> <ruby>吗<rt>マ</rt></ruby>?

Nín zhèiyàng tǎngzhe yǒu shéme bú shì ma?

 このシチュエーションでは、「首の位置」を"脖子的位置／ボォヅ ダ ウェイヂ／bózi de wèizhi"と表現するのは不自然で、あえてそう言う必要もありません。

湯加減はいかがですか？

<ruby>水温<rt>シュイウェン</rt></ruby> <ruby>可以<rt>クァイィ</rt></ruby> <ruby>吗<rt>マ</rt></ruby>?

Shuǐwēn kěyǐ ma?

かゆいところはありますか？

<ruby>有<rt>ヨウ</rt></ruby> <ruby>觉得<rt>ジュエダ</rt></ruby> <ruby>痒<rt>ヤン</rt></ruby> <ruby>的<rt>ダ</rt></ruby> <ruby>地方<rt>ディーファアン</rt></ruby> <ruby>吗<rt>マ</rt></ruby>?

Yǒu juéde yǎng de dìfang ma?

洗い足りない部分はありますか？

ハイヨウ　シィワァン　ヅァイ　シィシ　ダ　ディーファアン　マ？
还有　希望　再　洗洗　的　地方　吗?
Háiyǒu xīwàng zài xǐxi de dìfang ma?

どのくらい切りましょうか？

ヤオ　ジエン　ドゥオチャァン　ナ？
要　剪　多长　呢?
Yào jiǎn duōcháng ne?

もう少し軽くしますか？

ヤオ　ヅァイ　ダァ　バオ　ディアル　マ？
要　再　打　薄　点儿　吗?
Yào zài dǎ báo diǎnr ma?

分け目はどうなさいますか？

ファアフォン　ヤオ　ヅェンマ　フェン　ナ？
发缝　要　怎么　分　呢?
Fàfèng yào zěnme fēn ne?

後ろはこんな感じです。

ホウミエン　シー　デェイヤン　ダ.
后面　是　这样　的。
Hòumian shì zhèiyàng de.

 "这样可以吗?／デェイヤン　ファイィ　マ？/Zhèiyàng kěyǐ ma?" も、「こんな感じでいかがですか？」のニュアンスで使えます。

これまでにカラーリングでトラブルはありましたか？

ニン　ロァンファア　ヨウグゥオ　シェンマ　ブゥ　シー　ファンイィン　マ？
您　染发　有过　什么　不　适　反应　吗?
Nín rǎnfà yǒuguo shénme bú shì fǎnyìng ma?

根元だけお染めしますか？

ニン　ヂー　シュィ　ブゥ　ロァン　ファアゲン　マ？

您 只 需 补 染 发根 吗?

Nín zhǐ xū bǔ rǎn fàgēn ma?

毛先まですべてお染めしますか？

ニン　ヤオ　チュエン　ロァン　　マ？

您 要 全 染 吗?

Nín yào quán rǎn ma?

 カラーリング中に「薬は頭皮にしみていませんか？」と確認したい場合には、"头皮有刺痛的感觉吗?／トウピィ　ヨウ　ツートォン　ダ　ガンジュエ　マ?／Tóupí yǒu cìtòng de gǎnjué ma?" と言います。

整髪料を付けますか？

シュィヤオ　トゥモォ　イィシエ　ファアロゥ　マ？

需要 涂抹 一些 发乳 吗?

Xūyào túmǒ yìxiē fàrǔ ma?

仕上げに巻きましょうか？

ヅゥイホウ　ゲイ　　ニン　　ワァン　リ　　チュイ　ジュエン　バ.

最后 给 您 往 里 吹 卷 吧。

Zuìhòu gěi nín wǎng li chuī juǎn ba.

美容院			MP3 127
● 前髪	刘海儿	リウハル	liúhǎir
● もみあげ	鬓角	ビンジアオ	bìnjiǎo
● 襟足	后颈发际	ホウジィン　ファア　ジィ	hòujǐng fàjì
● つむじ	发旋	ファアシュエン	fàxuán

● 白髪	白发	バイファア	báifà
● 眉毛	眉毛	メイマオ	méimao
● 枝毛	发梢分叉	ファアシャオ フェンチャア	fàshāo fēnchà
● 髪型	发型	ファアシィン	fàxíng
● そろえる	剪齐	ジエンチィ	jiǎnqí
● 5センチ切る	剪5厘米	ジエン ウゥ リィミィ	jiǎn wǔ límǐ
● このくらいの長さに	剪这么长	ジエン ヂョァマ チャァン	jiǎn zhème cháng
● 傷んだ部分	干枯的部分	ガンクゥ ダ ブゥフェン	gānkū de bùfen
● ブロー	吹干	チュイガン	chuīgān
● 毛先	发梢	ファアシャオ	fàshāo
● 根元	发根	ファアゲン	fàgēn
● すく	调整发量	ティアオヂョン ファアリアン	tiáozhěng fàliàng
● 緩いパーマ	烫大花	タァン ダァホワ	tàng dàhuā
● きついパーマ	烫小花	タァン シアオホワ	tàng xiǎohuā
● ストレートパーマ	烫直发	タァン ヂーファア	tàng zhífà
● ポイント(部分)パーマ	局部烫	ジュィブゥ タァン	júbù tàng

第5章

備えあれば憂いなし

医療業 &
病気・トラブル

の際のフレーズ

病気・ケガなどの対応に当たる際に
役立つ表現や、迷子・盗難といった
トラブル時に必要な表現です。

MP3 128

ばんそうこう
絆創膏をお持ちします。

ウオ　チュイ　ゲイ　ニン　ナァ　チュアンクァティエ　ライ.
我 去 给 您 拿 创可贴 来。

Wǒ qù gěi nín ná chuàngkětiē lái.

日本でよく使われるBand-Aidという語は、北米の会社の商標・商品名で、
中国語では"邦迪创可贴／バァンディー　チュアンクァティエ／Bāngdí
chuàngkětiē"です。

大丈夫ですか？

ニン　メイシアル　バ?
您 没事儿 吧?

Nín méishìr ba?

ご気分が悪いのですか？

ニン　ジュエダ　ブゥ　シュウフ　マ?
您 觉得 不 舒服 吗?

Nín juéde bù shūfu ma?

ソファまで歩けますか？

ニン　ネゥン　ヅォウダオ　シャアファア　ネイビエン　マ?
您 能 走到 沙发 那边 吗?

Nín néng zǒudào shāfā nèibian ma?

あちらに座りませんか？

ニン　ヅゥオヅァイ　ナアル　ハオ　マ?
您 坐在 那儿 好 吗?

Nín zuòzai nàr hǎo ma?

お水をお持ちしましょうか？

ウオ　チュイ　ゲイ　ニン　ナァ　ベイ　シュイ　バ?

我 去 给 您 拿 杯 水 吧?

Wǒ qù gěi nín ná bēi shuǐ ba?

ここで安静にしていてください。

チィン　ニン　ヅァイ　ヂョァリ　シウシ　イィホアル　バ.

请 您 在 这里 休息 一会儿 吧。

Qǐng nín zài zhèli xiūxi yíhuìr ba.

お医者さんを呼びます。

ウオ　チュイ　ジアオ　イィション　ライ.

我 去 叫 医生 来。

Wǒ qù jiào yīshēng lái.

救急車を呼びましょうか？

シュィヤオ　ジアオ　ジウホゥチョァ　マ?

需要 叫 救护车 吗?

Xūyào jiào jiùhùchē ma?

110番／119番しましょうか？

シュィヤオ　ボォ　ダァ　ヤオヤオリィン/ヤオヤオジウ　マ?

需要 拨 打 110/119 吗?

Xūyào bō dǎ yāoyāolíng/yāoyāojiǔ ma?

中国では、警察、消防への緊急通報番号は日本と同じく110（ヤオ　ヤオ　リィン/yāo yāo líng）と119（ヤオ　ヤオ　ジウ/yāo yāo jiǔ）ですが、救急車の要請は120（ヤオ　アル　リィン/yāo èr líng）です。この場合の" 1 "は"ヤオ/yāo"と発音します。

病院・クリニック

この病院は初めてですか？

ニン　シー　ディー　イィ　ツー　ライ　ヂェイ　ジア　イィユエン　マ?
您 是 第 一 次 来 这 家 医院 吗?

Nín shì dì yī cì lái zhèi jiā yīyuàn ma?

 通常、複数の科がある大型の施設を"医院"、規模が小さく、1つの科の施設を"诊疗所/ヂェンリアオスゥオ/zhěnliáosuǒ"と呼びます。

保険証をお持ちですか？

ニン　ダイ　ジエンカァン　バオシエンヂョン　ラ　マ?
您 带 健康 保险证 了 吗?

Nín dài jiànkāng bǎoxiǎnzhèng le ma?

 日本に所定期間以上滞在する外国人は、日本の国民健康保険などに加入することが義務付けられています。

保険証をお持ちでないと全額自費になります。

ロゥグゥオ　メイヨウ　ダイ　ジエンカァン　バオシエンヂョン,
如果 没有 带 健康 保险证，

イィリアオフェイ　ヤオ　チュエンウァ　ヅーフゥ.
医疗费 要 全额 自付。

Rúguǒ méiyǒu dài jiànkāng bǎoxiǎnzhèng, yīliáofèi yào quán'é zìfù.

問診票に記入してください。

チィン　ティエンシエ　ヂェイ　フェン　ウェンヂェンダン.
请 填写 这 份 问诊单。

Qǐng tiánxiě zhèi fèn wènzhěndān.

名前を呼ばれるまで、待合室でお待ちください。

チィン　ヅァイ　ホウヂェンシー　デゥンダイ，

请 在 候诊室 等待，

ルンダオ　ニン　ウオメン　ホゥイ　ジアオ　ミィンヅ.

轮到 您 我们 会 叫 名字。

Qǐng zài hòuzhěnshì děngdài, lúndào nín wǒmen huì jiào míngzi.

今日はどうされましたか？

ニン　ヅェンマラ？

您 怎么了？

Nín zěnmele?

どのくらいの期間、その症状がありますか？

ヂョンヂュアン　チーシュィラ　ドゥオジウ　ラ？

症状 持续了 多久 了？

Zhèngzhuàng chíxùle duōjiǔ le?

本日の診察料は2,000円になります。

ジンティエン　ダ　イィリアオフェイ　シー　リアンチエン　リーユエン.

今天 的 医疗费 是 2000 日元。

Jīntiān de yīliáofèi shì liǎngqiān Rìyuán.

この処方箋を薬局に提出してください。

チィン　ナァヂャ　ヂェイ　ヂャアン　チュウファアン　チュィ　ヤオファアン　チュィ　ヤオ.

请 拿着 这 张 处方 去 药房 取 药。

Qǐng názhe zhèi zhāng chǔfāng qù yàofáng qǔ yào.

お大事にどうぞ。

チィン　ニン　バオヂォン.

请 您 保重。

Qǐng nín bǎozhòng.

日本では病人にかける言葉ですが、中国では友人や年配者などにかける、健康に気をつけようという意味のあいさつ言葉としてもよく使われます。

再診の予約をいたしましょうか？

ウオ　バァン　ニン　バァ　フゥヂェン　シージエン　ュィユエ　ハオ　バ?
我 帮 您 把 复诊 时间 预约 好 吧?

Wǒ bāng nín bǎ fùzhěn shíjiān yùyuē hǎo ba?

病院の科			MP3 130
● 総合案内	综合服务台	ヅォンホァ　フゥウウタイ	zònghé fúwùtái
● 外来受付	门诊挂号处	メンヂェン　グワハオ　チュウ	ménzhěn guàhàochù
● 内科	内科	ネイクァ	nèikē
● 外科	外科	ワイクァ	wàikē
● 整形外科	骨科	グゥクァ	gǔkē
● 眼科	眼科	イエンクァ	yǎnkē
● 耳鼻咽喉科	耳鼻喉科	アルビィホウクァ	ěrbíhóukē
● 皮膚科	皮肤科	ピィフゥクァ	pífūkē
● 呼吸器科	呼吸内科	ホゥシィネイクァ	hūxīnèikē
● 循環器科	循环内科	シュィンホワンネイクァ	xúnhuánnèikē
● 消化器科	消化科	シアオホワクァ	xiāohuàkē
● 泌尿器科	泌尿科	ミィニアオクァ	mìniàokē
● 産婦人科	妇产科	フゥチャンクァ	fùchǎnkē
● 精神科	精神科	ジィンシェンクァ	jīngshénkē
● 小児科	小儿科	シアオアルクァ	xiǎo'érkē
● 放射線科	放射线肿瘤科	ファアンショァシエン　ヂォンリウクァ	fàngshèxiàn zhǒngliúkē
● 歯科	牙科	ヤァクァ	yákē
● 入院受付	住院部	ヂュウユエンブゥ	zhùyuànbù
● 処置室	处置室/治疗室	チュウヂーシー/ヂーリアオシー	chǔzhìshì/zhìliáoshì
● 薬局	药房	ヤオファアン	yàofáng

症状を教えてくださいますか？

ネゥン　ガオス　　ウオ　ニン　ダ　　ヂョンヂュアン　マ?
能 告诉 我 您 的 症状 吗?
Néng gàosu wǒ nín de zhèngzhuàng ma?

この薬は風邪に効きます。

ヂョア　シー　ヂー　ガンマオ　ダ　ヤオ.
这 是 治 感冒 的 药。
Zhè shì zhì gǎnmào de yào.

この薬の方が、お客様の症状に合っています。

ゲンジュィ　ニン　ダ　　ヂョンヂュアン,
根据 您 的 症状,

ヨン　ヂェイ　ヂォン　ヤオ　ビィジアオ　ハオ.
用 这 种 药 比较 好。
Gēnjù nín de zhèngzhuàng, yòng zhèi zhǒng yào bǐjiào hǎo.

服用している薬はありますか？

ニン　ヅゥイジン　ヅァイ　フゥヨン　シェンマ　ヤオ　マ?
您 最近 在 服用 什么 药 吗?
Nín zuìjìn zài fúyòng shénme yào ma?

持病はありますか？

ヨウ　マンシィンビィン　マ?
有 慢性病 吗?
Yǒu mànxìngbìng ma?

こちらは妊娠中にはお使いにならないでください。

ヂェイ　ヂォン　ヤオ　ユィンフゥ　ブゥ　ネゥン　フゥヨン.
这 种 药 孕妇 不 能 服用。
Zhèi zhǒng yào yùnfù bù néng fúyòng.

処方箋をお持ちですか？

ニン　ヨウ　チュウファアン　マ？
您　有　处方　吗?

Nín yǒu chǔfāng ma?

その薬には処方箋が必要です。

ヂェイガ　ヤオ　シュィヤオ　チュウファアン.
这个　药　需要　处方。

Zhèige yào xūyào chǔfāng.

ただ今薬剤師がいないので、お売りできません。

ヤオジィシー　シエンヅァイ　ブゥ　ヅァイ,
药剂师　现在　不　在,

ウオメン　ブゥ　ネゥン　マイ　ゲイ　ニン.
我们　不　能　卖　给　您。

Yàojishī xiànzài bú zài, wǒmen bù néng mài gěi nín.

飲み／塗り薬が3種類処方されています。

ゲイ　ニン　カイラ　サン　ヂョン　コウフゥ/ワイヨンヤオ.
给　您　开了　三　种　口服/外用药。

Gěi nín kāile sān zhǒng kǒufú/wàiyòngyào.

これは10日分です。

ヂョァ　シー　シー　ティエン　ダ　ヤオ.
这　是　十　天　的　药。

Zhè shì shí tiān de yào.

1日3回食後に1錠ずつ飲んでください。

ファン　ホウ　コウフゥ,　イィ　ツー　イィ　ピエン,
饭　后　口服，一　次　一　片,

イィ　リー　サン　ツー.
一　日　三　次。

Fàn hòu kǒufú, yí cì yí piàn, yí rì sān cì.

1日3回より多く服用しないでください。

フゥヨンリアン　イィ　ティエン　ブゥ　ネゥン　チャオグゥオ　サン　ツー.
服用量 一 天 不 能 超过 三 次。
Fúyòngliàng yì tiān bù néng chāoguò sān cì.

> ⚠ 「3回より多く服用しないで」とは、つまり「服用は3回までにしてください」
> ということです。

3時間以上の間隔を空けて服用してください。

チー　ヤオ　シー　ヂーシャオ　ヤオ　ジエングァ　サン　シアオシー
吃 药 时 至少 要 间隔 三 小时
イィシャァン　ツァイ　クァイィ　ヅァイ　チー.
以上 才 可以 再 吃。
Chī yào shí zhìshǎo yào jiàngé sān xiǎoshí yǐshàng cái kěyǐ zài chī.

何か異常な副作用を感じたら、すぐに薬を飲むのを止めてください。

チー　ヤオ　ホウ　ロゥグゥオ　チュウシエン　ブゥリアン　ファンイィン.
吃 药 后 如果 出现 不良 反应，
チィン　マァシャァン　ティンヂー　フゥヤオ.
请 马上 停止 服药。
Chī yào hòu rúguǒ chūxiàn bùliáng fǎnyìng, qǐng mǎshàng tíngzhǐ fúyào.

眠くなることがあります。車の運転は控えてください。

フゥヤオ　ホウ　クァネゥン　ホゥイ　ファンクン，チィン　ブゥヤオ　カイチョア.
服药 后 可能 会 犯困，请 不要 开车。
Fúyào hòu kěnéng huì fànkùn, qǐng búyào kāichē.

> "不要"は「～しないように」という意味です。「～してはいけない」場合は、"请
> 不要"を"不能/ブゥ　ネゥン/bù néng"に置き換えるとよいでしょう。

● せき止め薬	止咳药	ヂークァヤオ	zhǐkéyào
● 風邪薬	感冒药	ガンマオヤオ	gǎnmàoyào
● 胃腸薬	肠胃药	チャアンウェイヤオ	chángwèiyào
● 頭痛薬	止头痛药	ヂートウトォンヤオ	zhǐtóutòngyào
● うがい薬	含漱剂	ハンシュウジィ	hánshùjì
● 解熱剤	退烧药	トゥイシャオヤオ	tuìshāoyào
● 解毒剤	解药/解毒剂	ジエヤオ/ジエドゥジィ	jiěyào/jiědújì
● 消化剤	助消化药	ヂュウシアオホワヤオ	zhùxiāohuàyào
● 座薬	栓剂	シュワンジィ	shuānjì
● 消毒薬	消毒剂	シアオドゥジィ	xiāodújì
● 下剤	泻药	シエヤオ	xièyào
● 下痢止め	止泻药	ヂーシエヤオ	zhǐxièyào
● 抗生物質	抗生素	カァンションスゥ	kàngshēngsù
● 漢方薬	中药	ヂォンヤオ	zhōngyào
● 睡眠薬	安眠药	アンミエンヤオ	ānmiányào
● 鎮痛剤	止痛药	ヂートォンヤオ	zhǐtòngyào
● 精神安定剤	镇静剂	ヂェンジィンジィ	zhènjìngjì
● 栄養剤	滋补品	ツーブゥピン	zībǔpǐn
● ビタミン剤	维生素补充剂	ウェイションスゥ ブゥチォンジィ	wéishēngsù bǔchōngjì
● 水薬	液体药剂	イエティ　ヤオジィ	yètǐ yàojì
● 丸薬	药丸	ヤオワン	yàowán
● 錠剤	药片	ヤオピエン	yàopiàn
● 粉薬	粉末药	フェンモォヤオ	fěnmòyào
● カプセル	胶囊	ジアオナァン	jiāonáng
● トローチ	含片	ハンピエン	hánpiàn
● 湿布	膏药	ガオヤオ	gāoyào
● 目薬	眼药水	イエンヤオシュイ	yǎnyàoshuǐ
● 軟膏	软膏	ロワンガオ	ruǎngāo

迷子・呼び出し

MP3 133

【親に】男の子ですか、女の子ですか？

シー　ナンハアル　ハイシ　ニュィハアル?

是　男孩儿　还是　女孩儿?

Shì nánháir háishi nǚháir?

【親に】お子様は何歳ですか？

シー　ドゥオダァ　ダ　ハイヅ?

是　多大　的　孩子?

Shì duōdà de háizi?

 "多大"は身長ではなく、年齢を聞く言い方で、"多大年龄／ドゥオダァ　ニエンリィン／duōdà niánlíng"の略です。"几岁／ジィ　スゥイ／jǐ suì"とも言います。身長を聞く場合は"多高／ドゥオ　ガオ／duō gāo"になります。

【親に】お子様の特徴を教えてください。

チィン　ガオス　ウオ　ニン　ダ　ハイヅ　ヨウ　シェンマ　トァヂョン.

请　告诉　我　您　的　孩子　有　什么　特征。

Qǐng gàosu wǒ nín de háizi yǒu shénme tèzhēng.

 具体的に"个子多高?／グァズ　ドゥオ　ガオ?／Gèzi duō gāo?"(身長は?)、"穿的什么衣服?／チュワン　ダ　シェンマ　イィフ?／chuān de shénme yīfu?"(どんな服装ですか?)などと聞きます。

【親に】館内放送でお呼び出しいたします。

ウオメン　ホゥイ　ヅァイ　グワンネイ　グアンボォ　ヂャオ　ロェン.

我们　会　在　馆内　广播　找　人。

Wǒmen huì zài guǎnnèi guǎngbō zhǎo rén.

5 医療業＆病気・トラブル

235

【子に】どこから来たの？　誰と一緒に来たの？

ニィ　ツォン　ナアル　ライ　ダ？
你　从　哪儿　来　的?

ゲン　シェイ　イィチィ　ライ　ダ　ヤ？
跟　谁　一起　来　的　呀?

Nǐ cóng nǎr lái de? Gēn shéi yìqǐ lái de ya?

【子に】大丈夫だよ。

ビエ　パァ，メイ　グワンシ　ダ
别　怕，没　关系　的。

Bié pà, méi guānxi de.

【子に】一緒に事務所に行こうね。

ゲン　ウオ　イィチィ　チュイ　バンゴォンシー　バ．
跟　我　一起　去　办公室　吧。

Gēn wǒ yìqǐ qù bàngōngshì ba.

236

放 送 例　　館内呼び出し

パターン①

职员：3岁的玲玲与家人走散了，玲玲的家长请速到一楼问讯处。

> 職員：3歳のリンリン（玲玲）ちゃんのご家族様。1階のインフォメーションデスクまでお越しください。

パターン②

职员：来自中国的王晋先生，请到一楼问讯处，您的朋友在等您。

> 職員：中国からお越しのワン・ジン（王晋）様。お連れ様がお待です。1階のインフォメーションデスクまでお越しください。

パターン③

职员：刚才在五楼的女装柜台买了一条连衣裙的顾客，请与就近的收银台工作人员联系。

> 職員：先ほど5階の婦人服売り場で青いワンピースをお買いのお客様。お近くのレジ係員までお申し出ください。

万引き・盗難

【万引き】会計はお済ませですか？

チェイシエ ドォンシ フゥクワンラ マ?
这些 东西 付款了 吗?
Zhèixiē dōngxi fùkuǎnle ma?

【万引き】かばんの中を見せてください。

ロァァン ウオ カンカン ニィ ダ バオ.
让 我 看看 你 的 包。
Ràng wǒ kànkan nǐ de bāo.

【万引き】警察に通報します。

ウオメン ヤオ バオジィン.
我们 要 报警。
Wǒmen yào bàojǐng.

【盗難】大使館の電話番号をお調べします。

ウオ バァン ニン チャアチャ ダァシーグワン ダ ディエンホワ ハオマァ.
我 帮 您 查查 大使馆 的 电话 号码。
Wǒ bāng nín chácha dàshǐguǎn de diànhuà hàomǎ.

【盗難】どこで盗まれたか、心当たりはありますか？

ヅァイ ナァリ ベイ トウ ダ, ニン ヨウ インシアン マ?
在 哪里 被 偷 的，您 有 印象 吗?
Zài nǎli bèi tōu de, nín yǒu yìnxiàng ma?

【盗難】最後にそれを見たのはいつですか？

ニン ヅゥイホウ カンダオ タァ シー シェンマ シーホウ ナ?
您 最后 看到 它 是 什么 时候 呢?
Nín zuìhòu kàndào tā shì shénme shíhou ne?

第6章

トイレ、最寄り駅の場所もしっかり説明

道案内

のためのフレーズ

屋内・屋外において道案内を行う際の説明表現を集めました。

建物の中

MP3 138

真っすぐ行って左に曲がってください。

チィン ニン　デーヅォウ　ロァンホウ　ワァン　ヅゥオ　グワイ.

请 您 直走 然后 往 左 拐。

Qǐng nín zhízǒu ránhòu wǎng zuǒ guǎi.

突き当たりを左です。

ヅォウダオ　トウ　ホウ　ワァン　ヅゥオ　グワイ.

走到 头 后 往 左 拐。

Zǒudào tóu hòu wǎng zuǒ guǎi.

右奥にあります。

ヅァイ　ヨウビェン　ヅゥイ　リィミエン.

在 右边 最 里面。

Zài yòubian zuì lǐmian.

出口を出て右手に見えます。

チュウメン　ホウ　ヨウビェン　ジウ　ネゥン　カンダオ.

出门 后 右边 就 能 看到。

Chūmén hòu yòubian jiù néng kàndào.

階段を上った先です。

シャァンラ　タイジエ　ホウ　ワァン　チエン　ヅォウ　ジウシー.

上了 台阶 后 往 前 走 就是。

Shàngle táijiē hòu wǎng qián zǒu jiùshì.

「階段を下りた先です」なら"下了台阶前面就是/シアラ　タイジエ　チエン　ミエン　ジウシー/xiàle táijiē qiánmian jiùshì"となります。

240

よろしければご案内します。

ロゥグゥオ ブゥ ジエイィ, ウオ ダイ ニン チュィ.

如果 不 介意，我 带 您 去。

Rúguǒ bú jièyì, wǒ dài nín qù.

ペット用品売り場は8階にございます。

チォンウゥ ヨンピン グゥイタイ ヅァイ バァ ロウ.

宠物 用品 柜台 在 八 楼。

Chǒngwù yòngpǐn guìtái zài bā lóu.

エレベーター／エスカレーターをご利用ください。

チィン チョンヅゥオ ディエンティー/ヅードォン フゥティー.

请 乘坐 电梯/自动 扶梯。

Qǐng chéngzuò diàntī/zìdòng fútī.

あそこの表示に従ってください。

チィン アン ナァリ ダ ルゥビアオ ヅォウ.

请 按 那里 的 路标 走。

Qǐng àn nàli de lùbiāo zǒu.

フロアマップでご案内しましょう。

ウオ ヨン チェイ チァアン ピィンミエントゥ ゲイ ニン ジエシャオ バ.

我 用 这 张 平面图 给 您 介绍 吧。

Wǒ yòng zhèi zhāng píngmiàntú gěi nín jièshào ba.

道なりに進んでください。

チィン　イエンヂャ　ヂョャ　ティアオ　ルゥ　ワァン　チエン　ヅォウ.

请 沿着 这 条 路 往 前 走。

Qǐng yánzhe zhè tiáo lù wǎng qián zǒu.

2つ目の交差点を左に曲がってください。

ヅォウダオ　ディー　アル　ガ　シーヅールゥコウ　ワァン　ヅォオ　グワイ.

走到 第 二 个 十字路口 往 左 拐。

Zǒudào dì èr ge shízìlùkǒu wǎng zuǒ guǎi.

ABC通りを右に曲がってください。

ダオ　ABC　ルゥ　ワァン　ヨウ　グワイ.

到 ABC 路 往 右 拐。

Dào ABC lù wǎng yòu guǎi.

図書館を過ぎて右手にあります。

グゥオラ　トゥシュウグワン　ホウ　ヨウビエン　ジウシー.

过了 图书馆 后 右边 就是。

Guòle túshūguǎn hòu yòubian jiùshì.

その信号を渡ったすぐ先にあります。

グゥオラ　ネイガ　ホォンリュィデゥン　ホウ　チエンミエン　ジウシー.

过了 那个 红绿灯 后 前面 就是。

Guòle nèige hónglǜdēng hòu qiánmian jiùshì.

梅田デラックスというビルの5階です。

ヴァイ メイティエン DELUXE　ダァロウ　ダ　ウゥ　ロウ.
在　梅田　DELUXE　大楼　的　五　楼。
Zài Méitián DELUXE dàlóu de wǔ lóu.

郵便局の隣にあります。

ヴァイ ヨウジュィ パァンビエン.
在　邮局　旁边。
Zài yóujú pángbiān.

 "在…对面/ヴァイ…ドゥイミエン/zài…duìmian"(〜の向かいに)、"在…斜
对面/ヴァイ…シエドゥイミエン/zài…xiéduìmian"(〜の斜め向かいに)、"在
…前面/ヴァイ…チエンミエン/zài…qiánmian"(〜の前に)、"在…后面/ヴァ
イ…ホウミエン/zài…hòumian"(〜の後ろに)、"在…附近/ヴァイ…フゥジン/
zài…fùjìn"(〜の近くに)なども覚えておきましょう。

この建物です。

ジウシー　チェイ ヅゥオ ジエンヂュウウゥ.
就是　这　座　建筑物。
Jiùshì zhèi zuò jiànzhúwù.

店名のある大きな赤い看板が目印です。

フゥジン ヨウ イィクワイ ヘン ダァ ダ ホォンスァ チャオパイ,
附近　有　一块　很　大　的　红色　招牌，
シャァンミエン シエヂャ シャァンディエン ミィンチョン.
上面　写着　商店　名称。
Fùjìn yǒu yíkuài hěn dà de hóngsè zhāopái, shàngmian xiězhe
shāngdiàn míngchēng.

この地下道は駅につながっています。

チェイ ティアオ ディーシア トォンダオ ヂートォン チョアヂャン.
这　条　地下　通道　直通　车站。
Zhèi tiáo dìxià tōngdào zhítōng chēzhàn.

6 道案内

京王線の新宿行きに乗って3駅です。

チョンヅオ　ワン　シンスゥ　　ファアンシアン　ダ　　ジィンワァンシエン,
乗坐　往　新宿　方向　的　京王线,

ヅオ　サン　ヂャン.
坐　三　站。

Chéngzuò wǎng Xīnsù fāngxiàng de Jīngwángxiàn, zuò sān zhàn.

 「次の駅です」であれば、"下一站／シア　イィ　ヂャン／xià yí zhàn"です。

JR京都駅西口から歩いて10分です。

チュウ　JR　　ジィンドゥヂャン　ナンコウ　ホウ　ヅォウ　シー　フェンヂォン.
出　JR　京都站　南口　后　走　十　分钟。

Chū JR Jīngdūzhàn nánkǒu hòu zǒu shí fēnzhōng.

 北は"北／ベイ／běi"、西は"西／シィ／xī"、東は"东／ドォン／dōng"です。また、ここで「歩いて」ではなく「車で」なら、"走"を"坐车／ヅゥオ　チョァ／zuòchē"に変えてください。

タクシーだと15分ですが、地下鉄の方が速いですよ。

ヅゥオ　ディーティエ　ビィジアオ　クワイ,
坐　地铁　比较　快,

ヅゥオ　チュウヅゥ　デイ　ヤオ　シーウゥ　フェンヂォン.
坐　出租　得　要　十五　分钟。

Zuò dìtiě bǐjiào kuài, zuò chūzū děi yào shíwǔ fēnzhōng.

地図を描きましょうか？

ウオ　ゲイ　ニン　ホワ　ヂァン　ディートゥ　バ?
我　给　您　画　张　地图　吧?

Wǒ gěi nín huà zhāng dìtú ba?

スマートフォンで調べますね。

ウオ　ヨン　ショウジィ　チャアチャ　バ.

我 用 手机 查查 吧。

Wǒ yòng shǒujī chácha ba.

一緒に行ってあげましょうか？

ウオ　ペイ　ニン　イィチィ　チュィ　バ?

我 陪 您 一起 去 吧?

Wǒ péi nín yìqǐ qù ba?

私もそちらの方面に向かっているところなんです。

ウオ　イエ　ヂョンハオ　ワァン　ネイガ　ファアンシアン　ヅォウ.

我 也 正好 往 那个 方向 走。

Wǒ yě zhènghǎo wǎng nèige fāngxiàng zǒu.

お気を付けて。

ニン　マン　ヅォウ.

您 慢 走。

Nín màn zǒu.

この辺りにあるというのは確かですか？

チュエシー　ヅァイ　ヂョァ　フゥジン　マ?

确实 在 这 附近 吗?

Quèshí zài zhè fùjìn ma?

 道案内

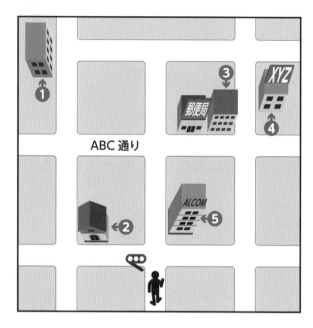

ABC 通り

1 に行く

请直走，走到头往左拐就能看到。

真っすぐ進んでください。突き当たりを左に曲がると正面に見えます。

2 に行く

到第一个红绿灯处往左拐，之后再走一会儿就能看到在右边。

1つ目の信号を左に曲がってください。しばらく歩くと右手に見えます。

3 に行く

到 ABC 路后往右拐，就在邮局旁边。

ABC通りを右に曲がってください。郵便局のそばにあります。

 4 に行く

在第一个十字路口往右拐，接着再往左拐，走一会儿后，看到右边有一块上面写着"XYZ"的大招牌就到了。

1つ目の交差点を右に曲がって、その次を左に曲がってください。しばらく歩いて、右手にある「XYZ」という大きな看板が目印です。

 **5 に行く**

在 ALCOM 大楼的三楼，过了那个红绿灯后前面就是。

アルコムという建物の3階です。その信号を渡ったすぐ先にあります。

第 7 章

日々変化する現場に対応

プラスアルファ
のフレーズ

デジタル化や感染症・衛生対策など、
時代に合わせて変化する接客の様々
なシーンで使える表現を集めました。

サーマルカメラに近づいていただけますか？

_{チィン カオ ロァチョンシァン ツァウェンイィ ジン イィ ディアル,}
请 靠 热成像 测温仪 近 一点儿,

_{ハオ マ?}
好 吗?

Qǐng kào rèchéngxiàng cèwēnyí jìn yīdiǎnr, hǎo ma?

体温を検知するカメラを热成像测温仪（ロァチョンシァン ツァウェンイィ／熱画像測温機）と言います。

前の人との間隔をあけてお並びください。

_{パイドゥイ シー チィン ユィ チエンミエン ダ ロェン バオチー}
排队 时 请 与 前面 的 人 保持

_{ジュィリィ。}
距离。

Páiduì shí qǐng yǔ qián miàn de rén bǎochí jùlí.

検温させていただけますか？

_{ネゥン ツァリアン イィシア ニン ダ ティーウェン マ?}
能 测量 一下 您 的 体温 吗?

Néng cèliáng yíxià nín de tǐwēn ma?

入店前に消毒にご協力をお願いします。

_{ジンロゥ ディエンプゥ チエン チィン ジンシィン ショウブゥ シアオドゥ。}
进入 店铺 前 请 进行 手部 消毒。

Jìnrù diànpù qián qǐng jìnxíng shǒubù xiāodú.

ご協力ありがとうございます。

ガンシエ　ニン　ダ　ペイ ホァ。
感谢 您 的 配合。
Gǎnxiè nín de pèihé.

マスクはお持ちですか？

ニン　ヨウ　コウヂァオ　マ？
您 有 口罩 吗?
Nín yǒu kǒuzhào ma?

マスクの着用をお願いできますか。

ニン　ネゥン　ダイシァァン　コウヂァオ　マ？
您 能 戴上 口罩 吗
Nín néng dàishang kǒuzhào ma?

すみません、マスクをしていただけますか。

ドゥイブチィ，ニン　ネゥン　ダイシァァン　コウヂァオ　マ？
对不起, 您 能 戴上 口罩 吗?
Duìbuqǐ, nín néng dàishang kǒuzhào ma?

 マスクをしていない方を見つけた時の声かけです。マスクを嫌う海外からの
お客様もいるため、最大限丁寧な表現を使うと良いでしょう。

マスクはしてもしなくても構いません。

コウヂァオ　ダイ　ブ　ダイ　ドゥ　クァイイィ
口罩 戴 不 戴 都 可以。
Kǒuzhào dài bu dài dōu kěyǐ.

大声での会話はお控えくださいませ。

チィン　ブゥヤオ　ダァション　シュオホワ。
请 不要 大声 说话。
Qǐng búyào dàshēng shuōhuà.

飲食店での案内

少しお待ちください。テーブルを清掃・消毒します。

チン シャオ デゥン, ウオ ライ ショウシー ツァンヂュオ ビィン
请 稍 等，我 来 收拾 餐桌 并

ジンシィン シアオドゥ。
进行 消毒。

Qǐng shāo děng, wǒ lái shōushi cānzhuō bìng jìnxíng xiāodú.

ご予約いただいていたお客様からお呼びいたします。

ウオ ツォン ユィディングゥオ ダ クァロエン クァイシー ジャオ。
我 从 预订过 的 客人 开始 叫。

Wǒ cóng yùdìngguo de kèren kāishǐ jiào.

同じテーブルにお座りいただけるのは最大4名までです。

イィ ジャン ジュオヅ ヅゥイ ドゥオ ヂー ネゥン ヅゥオ スー ウェイ。
一 张 桌子 最 多 只 能 坐 四 位。

Yì zhāng zhuōzi zuì duō zhǐnéng zuò sì wèi.

お客様は6名ですので、恐れ入りますが3名ずつ、もしくは2名と4名に分かれていただきますがよろしいですか？

ヘン バオチエン, ニィメン シー リウ ウェイ, ヤオ フェンカイ ヅゥオ。
很 抱歉，你们 是 六 位，要 分开 坐。

イィ ジュオ グァ ヅゥオ サン ウェイ、ホウオヂャ ヅゥオ リアン ウェイ
一 桌 各 坐 三 位、或者 坐 两 位

ホァ スー ウェイ, クァイィ マ?
和 四 位，可以 吗?

Hěn bàoqiàn, nǐmen shì liù wèi, yào fēnkāi zuò. Yì zhuō gè zuò sān wèi、huòzhě zuò liǎng wèi hé sì wèi, kěyǐ ma?

15時ごろがオフピークの時間で、一番すいています。

シアウゥ　サンディエン　ヅゥオヨウ　ブゥ　シ　ヨンツァン　ガオフォン
下午　三点　左右　不　是　用餐　高峰

シードワン，ロェン　ヅゥイ　シャオ。
时段，人　最　少。

Xiàwǔ sāndiǎn zuǒyòu bú shì yòngcān gāofēng shíduàn, rén zuì shǎo.

 中国では24時間制よりも、午前"上午/シャァンウゥ/shàngwǔ"、午後"下午/シアウゥ/xiàwǔ"をよく使います。

料理をお取りの際は使い捨て手袋をご使用ください。

チュィ　シーウゥ　シー　チィン　ダイシャァン　イィツーシィン　ショウタオ。
取　食物　时　请　戴上　一次性　手套。

Qǔ shíwù shí qǐng dàishang yīcìxìng shǒutào.

ご注文は、こちらのQRコードをスキャンしてスマートフォンからお願いいたします。

チィン　ヨン　ショウジィ　サオミアオ　ヂョァガ　アルゥェイマァ　ヂーホウ
请　用　手机　扫描　这个　二维码　之后

ディエンツァイ。
点菜。

Qǐng yòng shǒujī sǎomiáo zhège èrwéimǎ zhīhòu diǎncài.

デリバリーもやっていますので、よろしければご利用ください。

ウオメン　イエ　ヨウ　ツァンイン　ワイソォン　フゥウゥ，ロゥ　ヨウ
我们　也　有　餐饮　外送　服务，如　有

シュイヤオ　チィン　ニン　シーヨン。
需要，请　您　使用。

Wǒmen yě yǒu cānyǐn wàisòng fúwù, rú yǒu xūyào, qǐng nín shǐyòng.

こちらがデリバリーメニューです。

ヂョァ シー ワイソン ツァイダン。
这 是 外送 菜单。
Zhè shì wàisòng càidān.

ここに書いてあるメニューは、テイクアウトでもデリバリーでもご注文いただけます。

ヂョァ シー ワイマイ ジィ ワイソン ツァンイン ダ ツァイダン。
这 是 外卖 及 外送 餐饮 的 菜单。
Zhè shì wàimài jí wàisòng cānyǐn de càidān.

販売業での案内

テスターは提供しておりません。

ブゥ　ティーゴォン　シーヨン　シャァンピン。
不　提供　試用　商品。
Bù tígōng shìyòng shāngpǐn.

商品をお試しになりたいときは、お気軽にお声がけください。

ロゥグオ　ニン　シアン　シーヨン　シャァンピン，チィン　スイシー
如果　您　想　試用　商品，　请　随时

ティーチュウ。
提出。
Rúguǒ nín xiǎng shìyòng shāngpǐn, qǐng suíshí tíchū.

宿泊施設での案内
（チェックイン）

自動精算機でのチェックインをお願いいたします。

チィン　シーヨン　　ヅーヂュウ　ロゥヂュウジィ　バンリィ　　ロゥヂュウ

请 使用 自助 入住机 办理 入住

ショウシュイ。

手续。

Qǐng shǐyòng zìzhù rùzhùjī bànlǐ rùzhù shǒuxù.

自動精算機はあちらにございます。

ヅーヂュウ　ロゥヂュウジィ　ヅァイ　ナァリ。

自助 入住机 在 那里。

Zìzhù rùzhùjī zài nàli.

こちらの用紙にご記入をお願いします。

チィン　ティェンシエ　ヂョァ　ジャン　ビアオ。

请 填写 这 张 表。

Qǐng tiánxiě zhè zhāng biǎo.

お部屋に内線電話はございません。

ファアンジエンリィ　メイヨウ　　ネイシエン ディエンホワ。

房间里 没有 内线电话。

Fángjiānli méiyǒu nèixiàn diànhuà.

フロントに御用の際は、部屋にあるQRコードをスマートフォンで読み込んでご連絡ください。

ゲン　　チエンタイ　リエンシィ　シー，　チィン　ヨン　　ショウジィ

跟 前台 联系 时，请 用 手机

サオミアオ　ファアンジエンリィ　ダ　　アルウェイマァ　ホウ　リエンシィ。

扫描 房间里 的 二维码 后 联系。

Gēn qiántái liánxì shí, qǐng yòng shǒujī sǎomiáo fángjiānli de èrwéimǎ hòu liánxì.

こちらは一時的に閉鎖しております。

ツーチュウ　ヴァンシー　グァン ビィ。

此处　暂时　关闭。

Cǐchù zànshí guānbì.

ホテル内では、すべてのお客様にマスクの着用をお願いしております。

ヴァイ　ジウディエンリィ，スオヨウ　ダ　ファロェン ドゥ　ヤオ　ダイ

在　酒店里，所有　的　客人　都　要　戴

コウヂャオ。

口罩。

Zài jiǔdiànli suǒyǒu de kèren dōu yào dài kǒuzhào.

消毒液は各階のエレベーター前に設置しています。

ヴァイ　グァ　ツォン ディエンティー パンビエン ドゥ　ヨウ　ミエン

在　各　层　电梯　旁边　都　有　免

シーショウ　シャオ ドゥイエ。

洗手　消毒液。

Zài gè céng diàntī pángbiān dōu yǒu miǎn xǐshǒu xiāodúyè.

市販の薬はフロントにご用意がございます。

チエンタイ　ベイ　ヨウ　フェイチュウファアンヤオ。

前台　备　有　非处方药。

Qiántái bèi yǒu fēichǔfāngyào.

体調がすぐれない場合はお知らせください。最寄りの病院をご紹介します。

ロゥ ニン シェンティー ブゥシー，チィン トン ヂー ウオメン。
如 您 身体 不适，请 通知 我们。

ゲンジュィ チィンクアン，ウオメン ホイ ウェイ ニン ジエシャオ
根据 情况， 我们 会 为 您 介绍

フゥジン ダ イィユエン。
附近 的 医院。

Rú nín shēntǐ bùshì, qǐng tōngzhī wǒmen. Gēnjù qíngkuàng, wǒmen huì wèi nín jièshào fùjìn de yīyuàn.

レストランのご利用をお考えの場合は、予約をおすすめいたします。

<ruby>如果<rt>ロゥグオ</rt></ruby> <ruby>您<rt>ニン</rt></ruby> <ruby>考虑<rt>カオリュィ</rt></ruby> <ruby>在<rt>ヅァイ</rt></ruby> <ruby>餐厅<rt>ツァンティン</rt></ruby> <ruby>就餐<rt>ジウツァン</rt></ruby>，
如果 您 考虑 在 餐厅 就餐，

<ruby>我们<rt>ウオメン</rt></ruby> <ruby>推荐<rt>トゥイジエン</rt></ruby> <ruby>您<rt>ニン</rt></ruby> <ruby>提前<rt>ティーチェン</rt></ruby> <ruby>预订<rt>ュィディン</rt></ruby>。
我们 推荐 您 提前 预订。

Rúguǒ nín kǎolǜ zài cāntīng jiùcān, wǒmen tuījiàn nín tíqián yùdìng.

朝食ビュッフェは休止しており、代わりに和定食、もしくは洋定食をお出ししております。

<ruby>目前<rt>ムゥチエン</rt></ruby> <ruby>早餐<rt>ザオツァン</rt></ruby> <ruby>提供<rt>ティーゴォン</rt></ruby> <ruby>日式<rt>リーシー</rt></ruby> <ruby>套餐<rt>タオツァン</rt></ruby> <ruby>或<rt>ホゥオ</rt></ruby>
目前 早餐 提供 日式 套餐 或

<ruby>西式<rt>シィシー</rt></ruby> <ruby>套餐<rt>タオツァン</rt></ruby>，<ruby>暂<rt>ザン</rt></ruby> <ruby>不<rt>ブゥ</rt></ruby> <ruby>提供<rt>ティーゴォン</rt></ruby> <ruby>自助餐<rt>ヅーヂュウツァン</rt></ruby>。
西式 套餐， 暂 不 提供 自助餐。

Mùqián zǎocān tígōng rìshì tàocān huò xīshì tàocān, zàn bù tígōng zìzhùcān.

朝食のビュッフェは営業しておりますが、ご希望の場合は料理をお部屋にお持ち帰りいただけます。

<ruby>自助早餐<rt>ヅーヂュウザオツァン</rt></ruby> <ruby>营业<rt>インイエ</rt></ruby>，<ruby>如果<rt>ロゥグオ</rt></ruby> <ruby>您<rt>ニン</rt></ruby> <ruby>想<rt>シアン</rt></ruby> <ruby>食用<rt>シーヨン</rt></ruby>，
自助早餐 营业，如果 您 想 食用，

<ruby>可以<rt>ファイィ</rt></ruby> <ruby>带回<rt>ダイホイ</rt></ruby> <ruby>房间<rt>ファアンジエン</rt></ruby>。
可以 带回 房间。

Zìzhù zǎocān yíngyè, rúguǒ nín xiǎng shíyòng, kěyǐ dàihuí fángjiān.

 中国語文を直訳すると「朝食のビュッフェは営業しています」となります。

7 プラスアルファ

テイクアウトBOXをお渡ししますので、お好きな料理をご自身で詰めていただけます。

ウオメン　ホイ　ゲイ　ニン　イィ　ガ　ダァバオホァ　ニン
我们　会　给　您　一　个　打包盒，您

クァイィ　シュェン　ヅージィ　シィホァン　ダ　シーウー　ダァバオ。
可以　选　自己　喜欢　的　食物　打包。

Wǒmen huì gěi nín yí ge dǎbāohé, nín kěyǐ xuǎn zìjǐ xǐhuan de shíwù dǎbāo.

宿泊施設での案内 （チェックアウト）

ご宿泊いただきありがとうございました。ルームキーはこの箱に入れてください。

<ruby>感<rt>ガン</rt></ruby><ruby>谢<rt>シエ</rt></ruby> <ruby>您<rt>ニン</rt></ruby> <ruby>入<rt>ロゥ</rt></ruby><ruby>住<rt>ヂュウ</rt></ruby> <ruby>本<rt>ベン</rt></ruby> <ruby>酒<rt>ジゥ</rt></ruby><ruby>店<rt>ディエン</rt></ruby>。 <ruby>请<rt>チィン</rt></ruby> <ruby>把<rt>バァ</rt></ruby> <ruby>房<rt>ファアン</rt></ruby><ruby>间<rt>ジエン</rt></ruby>
<ruby>钥<rt>ヤオ</rt></ruby><ruby>匙<rt>シ</rt></ruby> <ruby>放<rt>ファアン</rt></ruby><ruby>入<rt>ロゥ</rt></ruby> <ruby>这<rt>ヂョ</rt></ruby><ruby>个<rt>ァガ</rt></ruby> <ruby>箱<rt>シアン</rt></ruby><ruby>子<rt>ヅ</rt></ruby><ruby>里<rt>リィ</rt></ruby>。

Gǎnxiè nín rùzhù běn jiǔdiàn. Qǐng bǎ fángjiān yàoshi fàngrù zhège xiāngzili.

あちらの自動精算機でチェックアウトしていただけます。ルームカードキーを差し込んでください。

<ruby>请<rt>チィン</rt></ruby> <ruby>使<rt>シー</rt></ruby><ruby>用<rt>ヨン</rt></ruby> <ruby>那<rt>ナァ</rt></ruby><ruby>个<rt>ガ</rt></ruby> <ruby>自<rt>ヅー</rt></ruby><ruby>助<rt>ヂュウ</rt></ruby> <ruby>入<rt>ロゥ</rt></ruby><ruby>住<rt>ヂュウ</rt></ruby><ruby>机<rt>ジィ</rt></ruby> <ruby>办<rt>バン</rt></ruby><ruby>理<rt>リィ</rt></ruby>
<ruby>退<rt>トゥイ</rt></ruby><ruby>房<rt>ファアン</rt></ruby> <ruby>手<rt>ショウ</rt></ruby><ruby>续<rt>シュイ</rt></ruby>。 <ruby>请<rt>チィン</rt></ruby> <ruby>插<rt>チャ</rt></ruby><ruby>入<rt>ァロゥ</rt></ruby> <ruby>房<rt>ファアン</rt></ruby><ruby>卡<rt>カァ</rt></ruby>。

Qǐng shǐyòng nàge zizhù rùzhùjī bànlǐ tuìfáng shǒuxù. Qǐng chārù fáng kǎ.

精算はございませんので、チェックアウト完了です。ご利用ありがとうございました。

<ruby>没<rt>メイ</rt></ruby><ruby>有<rt>ヨウ</rt></ruby> <ruby>追<rt>ヂュイ</rt></ruby><ruby>加<rt>ジャア</rt></ruby> <ruby>的<rt>ダ</rt></ruby> <ruby>费<rt>フェイ</rt></ruby><ruby>用<rt>ヨン</rt></ruby>, <ruby>退<rt>トゥイ</rt></ruby><ruby>房<rt>ファアン</rt></ruby> <ruby>手<rt>ショウ</rt></ruby><ruby>续<rt>シュイ</rt></ruby>
<ruby>已<rt>イィ</rt></ruby> <ruby>办<rt>バン</rt></ruby><ruby>完<rt>ワン</rt></ruby>。 <ruby>谢<rt>シエ</rt></ruby><ruby>谢<rt>シエ</rt></ruby>！

Méiyǒu zhuījiā de fèiyòng, tuìfáng shǒuxù yǐ bànwán. Xièxie!

7 プラスアルファ

オンラインで事前予約をされた方のみ入場いただけます。

ロゥチャンヂャ シュイヤオ シーシエン ヅァイ ワァンシャァン ユィユエ。

入場者　需要　事先　在　网上　　预约。

Rùchǎngzhě xūyào shìxiān zài wǎngshang yùyuē.

現在、入場者数を制限しております。

シエンヅァイ シエンヂー ロゥチャァン ロェンシュウ。

现在　　限制　入场　　人数。

Xiànzài xiànzhì rùchǎng rénshù.

ただいま館内への入場制限を実施しております。

シエンヅァイ シエンヂー ロゥグワン ロェンシュウ。

现在　　限制　入馆　　人数。

Xiànzài xiànzhì rùguǎn rénshù.

前売りの時間指定チケットをお持ちの方のみ入場いただけます。

ヂーヨウ　チー　ヂーディン　シージエン　メンピアオ　ダ　　ロェン

只有　持　指定　时间　门票　的　人

ツァイ　ネゥン　ロゥチャァン。

才　能　入场。

Zhǐyǒu chí zhǐdìng shíjiān ménpiào de rén cái néng rùchǎng.

メールにあるURLをタップし、QRコードを入場ゲートでスキャンしてください。

シェン ディエンジィ ヨウジエンリィ ダ URL, ヂーホウ ヅァイ
先 点击 邮件里 的 URL，之后 在

ロゥコウチュウ サオミアオ アルウェイマァ。
入口处 扫描 二维码。

Xiān diǎnjī yóujiànli de URL, zhīhòu zài rùkǒuchù sǎomiáo èrwéimǎ.

このQRコードをスマートフォンでスキャンすると、音声ガイドを無料でお聞きいただけます。

ヨン ショウジィ サオミアオ ヂョァガ アルウェイマァ, クァイィ
用 手机 扫描 这个 二维码，可以

ミエンフェイ ティン ウィイン ジャンジエ。
免费 听 语音 讲解。

Yòng shǒujī sǎomiáo zhège èrwéimǎ, kěyǐ miǎnfèi tīng yǔyīn jiǎngjiě.

上演中のおしゃべりはご遠慮ください。

グァンカン イェンチュウ シー チィン ブゥヤオ シュオホワ。
观看 演出 时 请 不要 说话。

Guānkàn yǎnchū shí qǐng búyào shuōhuà.

英・中・韓　完全対応
すぐに使える
貼り紙・POP例文集

店舗・施設のドアや室内、看板など
への掲示に使える便利な表現をまと
めました。
英語はもちろん、中国語と韓国語の
訳も記載しています。

使い方

日本語の見出しに対応する表現が、上から英語、中国語（簡体字・繁体字）、韓国語で記載されています。

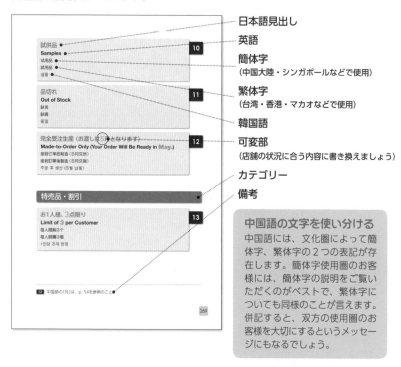

日本語見出し

英語

簡体字
（中国大陸・シンガポールなどで使用）

繁体字
（台湾・香港・マカオなどで使用）

韓国語

可変部
（店舗の状況に合う内容に書き換えましょう）

カテゴリー

備考

中国語の文字を使い分ける
中国語には、文化圏によって簡体字、繁体字の2つの表記が存在します。簡体字使用圏のお客様には、簡体字の説明をご覧いただくのがベストで、繁体字についても同様のことが言えます。併記すると、双方の使用圏のお客様を大切にするというメッセージにもなるでしょう。

ダウンロード特典のご案内

下記2点を無料でダウンロードいただけます。
① 例文のテキストを記載したWordファイル、PDFファイル
② A4サイズで印刷してそのまま貼って使えるPDFファイル（例文の中から10個をピックアップしています）
特典の入手方法は下記ウェブサイトをご覧ください。

アルクダウンロードセンター
https://portal-dlc.alc.co.jp/

※本サービスの内容は、予告なく変更する場合がございます。あらかじめご了承ください。

順番待ち

ここからの待ち時間：90分
Waiting Time at This Point: 90 Minutes
此处预计等候时间：90分钟
此處預計等候時間：90分鐘
대기시간：90분

1

こちらにお並びください
Please Line Up Here.
请在此排队
請在此排隊
이쪽으로 줄을 서 주십시오

2

先頭
Start of Line
队首
隊頭
맨 앞

3

最後尾
End of Line
队尾
隊尾
맨 뒤

4

順番にご案内します
Please Wait in Line to Be Served.
按顺序引领客人
按順序引領客人
순서대로 안내해 드리겠습니다

5

予約不要
Advance Reservations Not Required
无需预约
無需預約
예약 불필요

6

完売御礼
Sold Out
已售完
已售完
완판

7

在庫

現品限り
On-Shelf Stock Only
仅限现货销售
僅限現貨銷售
진열품 외 재고 없음

8

展示品
Display Model
陈列品
陳列品
전시품

9

試供品
Samples
试用品
試用品
샘플

10

品切れ
Out of Stock
缺货
缺貨
품절

11

完全受注生産（お渡しは5月となります）
Made-to-Order Only (Your Order Will Be Ready in May.)
接到订单后制造（5月交货）
接到訂單後製造（5月交貨）
주문 후 생산 (5월 납품)

12

特売品・割引

お1人様、3点限り
Limit of 3 per Customer
每人限购3个
每人限購3個
1인당 3개 한정

13

---

12 中国語の「月」は、p. 54を参照のこと。

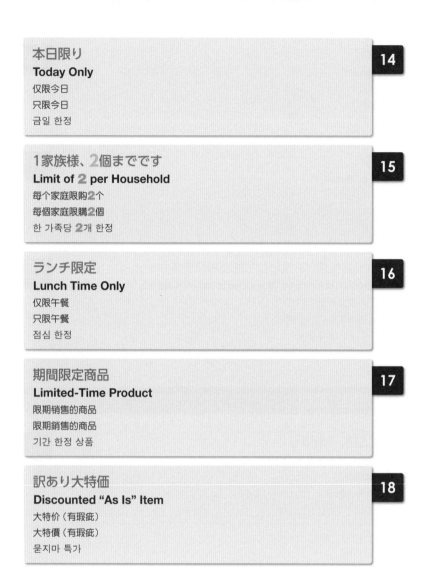

本日限り
Today Only
仅限今日
只限今日
금일 한정

14

1家族様、2個までです
Limit of 2 per Household
每个家庭限购2个
每個家庭限購2個
한 가족당 2개 한정

15

ランチ限定
Lunch Time Only
仅限午餐
只限午餐
점심 한정

16

期間限定商品
Limited-Time Product
限期销售的商品
限期銷售的商品
기간 한정 상품

17

訳あり大特価
Discounted "As Is" Item
大特价（有瑕疵）
大特價（有瑕疵）
묻지마 특가

18

18 「訳あり」という表現は、日本語ならでは。外国語で強いて書くなら、中国語では「傷あり」を意味する（有瑕疵）で補足する。韓国語では「（安い理由を）聞かないで特価」となる。

売り切れ御免
Limited Stock
售完为止
售完為止
매진 시 판매 종료

19

全品10%オフ
All Items 10% Off
所有商品打9折
所有商品打9折
전 품목 10% 할인

20

1つ買ったら1個差し上げます
Buy 1, Get 1 Free
买一送一
買一送一
1개 구입 시 1개 무료 증정 (1＋1)

21

水曜日は2割引
20% Off on Wednesdays
周三打8折
週三打8折
수요일은 20% 할인

22

---

20 中国語では、「10%オフ」は「0.9掛けの割引価格」とした表記になる。20%オフなら、9の部分を8に変える。

22 中国語の曜日についてはp. 55を参照。英語の場合は、曜日の語末に複数形のsを付けること。中国語、韓国語の場合は、今「三」「수」となっている部分をそれぞれ「一／월(月)」「二／화(火)」「三／수(水)」「四／목(木)」「五／금(金)」「六／토(土)」「日／일(日)」に変える。

今付いているお値段より10%引き
10% Off the Price Tag
按标价打9折出售
按標價打9折販售
표시 가격에서 10% 할인

23

お買い得商品
Great Buy
优惠商品
優惠商品
특가 상품

24

おすすめ

新商品
New Item
新商品
新商品
신상품

25

旬の商品
Seasonal Item
季节商品
季節商品
계절 상품

26

流行の商品
Trendy Item
流行商品
流行商品
히트 상품

27

最安値保証
Lowest Price Guaranteed
保证最低价格
保證最低價格
최저가 보장

28

テレビで取り上げられました
As Seen on TV
电视节目中介绍过的商品
電視節目中介紹過的商品
TV 소개

29

本日のおすすめ
Today's Choice
今日推荐
今日推薦
오늘의 추천

30

当店のおすすめ
Our Choice
本店推荐
本店推薦
매장 추천

31

店長のおすすめ
Manager's Choice
店长推荐
店長推薦
점장 추천

32

今売れています
Hot Seller
热卖中
熱賣中
절찬리 판매 중

33

禁止事項

おたばこはご遠慮ください
No Smoking
请勿吸烟
請勿吸煙
금연

34

携帯電話の使用はご遠慮ください
No Smartphones
请勿使用手机
請勿使用手機
휴대전화 사용 금지

35

ペットの同伴はご遠慮ください

No Accompanying Pets

请勿携带宠物入店铺

請勿攜帶寵物入店鋪

반려동물 동반 금지

36

飲食はご遠慮ください

No Eating or Drinking

请勿饮食

請勿飲食

음식물 섭취 금지

37

飲食物の持ち込みはご遠慮ください

No Food or Drink inside the Store

请勿携带食物及饮料入内

請勿攜帶食物及飲料入內

음식물 반입 금지

38

注文しないお客様の入店はお断りいたします

Customers Only

谢绝非用餐客人入内

謝絕非用餐客人入內

주문하지 않는 손님은 사절합니다

39

---

36 なお「乳幼児の同伴はNG」という趣旨の貼り紙は、中華圏では乳幼児の入店を制限する
ようなケースがほとんどないため、極めて非常識と受け止められる可能性がある。

試着はご遠慮ください

Please Do Not Try on the Items

请勿试穿

請勿試穿

착용 불가

40

店内では写真撮影をお断りしています

No Photographs inside the Store

店内禁止拍照

店內禁止拍照

매장 내 사진 촬영 금지

41

フラッシュ撮影、三脚使用はご遠慮ください

No Flash or Tripod

请勿使用闪光灯及三脚架

請勿使用閃光燈及三脚架

플래시 및 삼각대 사용 금지

42

関係者以外立ち入り禁止

Staff Only

非工作人员禁止入内

非工作人員禁止進入

관계자 외 출입 금지

43

土足禁止

No Shoes

请勿穿鞋入内

請勿穿鞋入內

신발을 벗어 주세요

44

未成年者およびお車を運転されるお客様へのアルコール類のご提供は、差し控えさせていただいております

45

We do not serve alcohol to minors or customers who are driving.

本店不向未成年人及司机提供酒类饮料

本店不向未成年人及司機提供酒類飲料

미성년자 및 차량 운전자에게는 주류를 제공하지 않습니다

大声で騒いだり、暴れたりなどの行為は、他のお客様のご迷惑になりますのでご遠慮ください

46

Please refrain from noise or unruly behavior that will disturb other customers.

请勿大声喧哗及嬉闹，以免打扰其他顾客

請勿大聲喧嘩及嬉鬧，以免打擾其他顧客

고성방가, 난폭한 행동 등은 다른 손님들에게 피해가 되므로 삼가 주십시오

当施設に関係ない方の通り抜け・立ち入りを禁止します

47

No Entry for People Unrelated to This Facility

禁止无关人员进入或穿行

禁止無關人員進入或穿行

시설 관계자 외 통행 및 출입 금지

1階では浴衣、スリッパの着用をお断りしています

48

No *Yukata* or Slippers on the 1st floor

请勿穿浴衣或拖鞋到1楼

請勿穿浴衣或拖鞋到1樓

1층에서는 유카타 및 슬리퍼 착용을 금합니다

立ち読みはしないでください

No Browsing

请勿（长时间）翻阅

請勿（長時間）翻閱

책은 구입 후에 읽어 주십시오

試着室へカゴごとのお持ち込みは遠慮させていただいております

Baskets are not permitted inside the changing rooms.

请勿将购物篮带进试衣间

請勿將購物籃帶入試衣間

피팅룸에 바구니째 들고 가지 마십시오

お手を触れないでください

Do not touch.

请勿触摸

請勿觸摸

만지지 마십시오

室内の備品は持ち帰らないでください

Do not take any equipment from this room.

请勿带走室内物品

請勿帶走室內物品

실내 비품을 가져가지 마십시오

会計

お会計は近くの係員にお申し付けください
Please notify staff to make your payment.
付款时请叫附近的服务员
付款時請叫附近的工作人員
계산하실 분은 근처 직원에게 말씀해 주십시오

53

薬は専用レジにて会計をお願いします
Please pay for medicine at the designated cash register.
购买药品请到专用收银台付款
購買藥品請到專用櫃臺付款
약은 전용 카운터에서 계산해 주십시오

54

お支払いは現金のみになります
Cash Only
只收现金
只收現金
현금 결제만 가능

55

両替できません（外国為替）
We do not exchange foreign currency.
不兑换外币
不兌換外幣
외화 환전 불가

56

両替できません（お札を小銭に）
We do not give change without a purchase.
本店不换零钱
本店不換零錢
동전 교환 불가

57

279

ただ今1,000円札が不足しております。ご協力をお願いいたします

We have a shortage of 1,000 yen bills. Please give the exact amount when possible.

目前1000日元纸币短缺，谢谢您的合作

目前1000日圓紙幣短缺，謝謝您的合作

1,000엔짜리 지폐가 부족하오니 협조 부탁드립니다

58

チップは不要です

No Tipping – Thank You

不收小费

不收小費

팁은 필요하지 않습니다

59

お会計はお席にてお願いいたします

Please pay at your seat.

请在座位上结账

請在座位上結賬

계산은 앉은 자리에서 해 주십시오

60

主要クレジットカードがご利用可能です

All Major Credit Cards Accepted

可使用国际通用的信用卡

可使用國際通用的信用卡

주요 신용카드만 사용이 가능합니다

61

キャンセル不可

No Cancelations

不可取消

不可取消

취소 불가

62

払い戻し不可

No Refunds

恕不退款

恕不退款

환불 불가

63

セルフ・ご自由に

当店はセルフサービスです

Please serve yourself.

本店是自助服务

本店採用自助式

매장 내 셀프 서비스

64

ご注文口

Orders

点餐窗口

點餐窗口

주문하는 곳

65

お受け取り口

Pickup

取餐窗口

取餐窗口

나오는 곳

66

食器返却口

Dishes

餐具回收口

餐具回收口

식기 반납하는 곳

67

お会計口
Payment

收银台

櫃臺

계산하는 곳

68

お代わり自由
Free Refills

免费续加

免費續加

리필 가능

69

ご自由にお取りください
Take One Free

请自由取用

請自由取用

필요하신 분은 가져가세요

70

---

69 中国語(簡体字／繁体字)は、"米饭／米飯"(ご飯)、"汤／湯"(スープ)、"饮料／飲料"(飲み物)などを前に付け加えて使うことが可能。

日時・スケジュール

営業時間
午前8時30分〜午後9時（月〜金）
午前9時〜午後8時（土日祝日）

Business Hours
8:30 a.m. — 9 p.m. **(Mon. – Fri.)**
9 a.m. — 8 p.m. **(Sat., Sun., Holidays)**

营业时间
08:30–21:00（周一至周五）
09:00–20:00（节假日）

營業時間
08:30–21:00（週一至週五）
09:00–20:00（節假日）

영업시간
오전 **8**시 **30**분~오후 **9**시 (월~금)
오전 **9**시~오후 **8**시 (주말/공휴일)

71

休業日のご案内
1月1日（月）、2日（火）、5日（金）〜7日（日）

We Will Be Closed on:
Jan. 1 **(Mon.);** Jan. 2 **(Tue.);** Jan. 5 **(Fri.)** – Jan. 7 **(Sun.)**

放假日期如下
1月1日（周一）、**2日**（周二）及**5日**（周五）–**7日**（周日）

放假日期如下
1月1日（週一）、**2日**（週二）及**5日**（週五）–**7日**（週日）

휴무일 안내
1월 **1**일 (월)、**2**일 (화)、**5**일 (금)~**7**일 (일)

72

---

71 英語では通常、24時間表記を用いない。「午前、午後」は、英／簡・繁／韓の順に「a.m.、p.m./上午、下午/오전、오후」で表す。「時、分」は簡／繁／韓の順に「点、分／點、分／시、분」。

72 中国語、韓国語の曜日の書き方はそれぞれp. 55、p. 271。

営業中
Open
营业中
營業中
영업 중

本日の営業は終了しました
We are closed for today.
今日营业已结束
今日營業已結束
금일 영업 종료

定休日
Regular Holiday
公休日
公休日
정기 휴일

臨時休業
Temporarily Closed
暂停营业
暫停營業
임시 휴업

準備中
Preparation in Progress
准备中
準備中
준비 중

本日貸し切り

All Seats Reserved Today

今日包场

今日包場

금일 대관 예약 있음

78

午前11時から午後2時まで全席禁煙です

No Smoking at Any Table from 11 a.m. to 2 p.m.

上午11点-下午2点禁止吸烟

上午11點-下午2點禁止吸煙

오전 11시부터 오후 2시까지 전 좌석 금연

79

雨天中止

Canceled in Bad Weather

雨天中止

雨天中止

우천 시 중지

80

定期点検のご案内
1月1日（月）午後3時～午後5時

Periodic Inspection:
Jan. 1 (Mon.), 3 p.m. — 5 p.m.

定期检查通知
1月1日（周一）：下午3点-5点

定期檢查通知
1月1日（週一）：下午3點-5點

정기점검 안내
1월 1일 （월） 오후 3시~오후 5시

81

79 **81** 時刻表記の要領はp. 283も参照のこと。

トイレ

ご使用の際は従業員に一言お声掛けください

Please notify staff before using.

如要使用请告知工作人员

如要使用請告知工作人員

사용하실 분은 직원을 불러 주십시오

82

トイレはありません

No Restrooms

沒有洗手间

沒有洗手間

화장실 없음

83

節水にご協力ください

Please help us conserve water.

请节约用水

請節約用水

물 절약

84

故障中

Out of Order

维修中

維修中

고장

85

清掃中

Cleaning in Progress

清扫中

清潔中

청소 중

86

2階のトイレをご利用ください

Please use the restrooms on the 2nd floor.

请使用2楼的洗手间

請使用2樓的洗手間

2층 화장실을 이용해 주십시오

87

トイレットペーパーは持ち出さないでください

Please do not remove the toilet paper.

请勿将卫生纸带走

請勿將衛生紙帶走

화장지를 가져가지 마십시오

88

お手洗いだけのご利用は固くお断りします

No Public Restrooms Here

洗手间不外借

洗手間不外借

화장실만 이용하는 손님은 사절합니다

89

いつもトイレをきれいに使っていただき誠にありがとうございます

Thank you for keeping our restrooms clean.

感谢您保持卫生间清洁

感謝您保持衛生間清潔

항상 화장실을 깨끗하게 이용해 주셔서 감사합니다

90

トイレットペーパー以外のものを流さないでください

Please flush toilet paper only.

请勿将卫生纸以外的物品扔进马桶

請勿將衛生紙以外的物品扔進馬桶

변기에 화장지 외 다른 것을 버리지 마십시오

91

使用済みトイレットペーパーは便器に流してください **92**

Please dispose of toilet paper in the toilet.

卫生纸使用后请直接扔进马桶冲掉

衛生紙使用後請直接丟進馬桶沖掉

사용한 화장지는 변기 안에 버려 주십시오

防犯

防犯カメラ作動中 **93**

Surveillance Cameras in Operation

此处有监控摄像机

錄影監視中

CCTV 작동 중

万引きは警察に通報いたします **94**

Shoplifters will be reported to police.

发现行窃马上报警

發現偷竊馬上報警

절도 적발 시 경찰에 신고합니다

巡回中 **95**

Patrol in Progress

保安员在巡逻

保安員在巡邏

순찰 중

店舗のサービス

免税品取り扱っています
We sell tax-free items.
本店有免税商品
本店販售免税商品
면세품을 취급하고 있습니다

96

英語、中国語、韓国語可
English, Chinese and Korean Service Available
可使用英文、中文和韩文
可使用英文、中文和韓文
영어, 중국어, 한국어 가능

97

無料Wi-Fi接続あり
Free Wi-Fi
本店提供免费Wi-Fi
本店提供免費Wi-Fi
무료 Wi-Fi 이용 가능

98

お客様専用駐車場
Customer-Only Parking
顾客专用停车场
顧客專用停車場
고객 전용 주차장

99

午後3時までのご注文で即日配送いたします
Same-Day Shipping for Orders Placed by 3 p.m.
下午3点前下单，当天送货
下午3點前訂購，當天即到貨
오후 3시 주문분까지 당일 배송해 드립니다

100

他店の方が1円でも安い場合はお申し付けください

Please let us know if other stores have a better price.

如有比我们更便宜的店家，请告诉我们

如有比我們更便宜的店家，請告訴我們

다른 매장의 가격이 1엔이라도 저렴한 경우에는 말씀해 주십시오

101

海外への配送を承ります

International Delivery Available

承接国际配送业务

承接國際配送業務

해외 배송 가능

102

海外への配送はできかねます

No International Delivery

不承接国际配送业务

不承接國際配送業務

해외 배송 불가

103

お持ち帰りできます

Takeout Available

可外带

可外帶

테이크아웃 가능

104

宴会予約承ります

Party Reservations Accepted

接受宴会预约

提供宴會預約

단체 예약 가능

105

最初の2時間無料（以降1時間ごと300円）

106

Free for First 2 Hours (300 Yen per Hour Thereafter)

2小时免费（超出后每1小时加收300日元）

2小時免費（超出後每1小時加收300日圓）

첫 2시간 무료 (이후 1시간당 300엔)

1,000円以上のご利用で駐車料金2時間無料

107

2 Hours Free Parking with Purchases of 1,000 Yen or More

消费1000日元以上可免费停车2小时

消費1000日圓以上可享2小時免費停車

1,000엔 이상 결제 시 주차요금 2시간 무료

細やかな配慮

豚肉を含んでいない食べ物です

108

This food does not contain pork.

不含猪肉的食物

不含猪肉的食物

돼지고기를 사용하지 않은 음식입니다

グルテンを含む食べ物です

109

This food contains gluten.

含有麸质的食物

含有麩質的食物

글루텐이 포함된 음식입니다

ナイフとフォークございます
Knives and Forks Available
有刀叉
提供刀叉
나이프와 포크 있습니다

110

妊婦の方、乳幼児をお連れの方、ご年配の方の優先座席です
Priority Seats for Pregnant Women, Persons with Small Children, and the Elderly
爱心专座
讓座給老弱婦孺
임산부, 영유아 동반자, 노약자 우대 좌석

111

ギフト用ラッピング承ります
Gift-Wrapping Available
提供礼品包装服务
提供禮品包裝服務
선물 포장 가능

112

貴重品はロッカーに入れてください
Please put your valuables in a locker.
请将贵重物品放入存物柜
請將貴重物品放入置物櫃
귀중품은 보관함에 넣어 주십시오

113

お忘れ物にご注意ください
Please take your belongings with you.
请携带好随身物品
請注意您的隨身物品
두고 가시는 물건이 없도록 주의해 주십시오

114

111 簡体字は「思いやりの座席」、繁体字は「老人、病人・障害者、婦人、子供には席を譲りましょう」の意。

お客様にお願い

不良品以外は交換できません
Returns Accepted for Defective Goods Only
除质量问题外概不退换
除質量問題外概不退換
불량품 외 교환 불가

115

試着室への持ち込みは3点までです
3 Items per Person in Changing Rooms
每次最多只能试穿3件衣服
每次最多只能試穿3件衣服
피팅룸에는 3 개까지 반입 가능

116

商品の返品は7日以内にお願いします
Returns Accepted within 7 Days of Purchase
7日以内可退货
7日以內可退貨
7일 이내 반품 가능

117

セール商品につき、ご返品、お取り換えはご容赦願います
No Refunds or Exchanges on Sale Items
减价商品售出后概不退换
減價商品售出後概不退換
세일 상품은 환불 및 교환 불가

118

かぶり物をご試着の際には、必ずフェイスカバーをご利用ください
Please use a face cover when trying on pull-over items.
试穿套头衣物时请使用面罩
試穿套頭衣物時請使用面罩
착용 시 얼굴에 닿을 때에는 페이스 커버를 사용해 주십시오

119

冷房中につき、ドアはお閉めください

120

The air conditioning is on. Please keep the door closed.

冷气开放中，请随手关门

冷氣開放中，請隨手關門

냉방 중이므로 문을 닫아 주십시오

お1人様、1品以上のご注文をお願いいたします

121

All customers must order at least one item.

每人至少点一份食物或饮品

每人至少點一份餐點或飲料

1인당 1개 이상 주문해 주십시오

ご試着の際にはスタッフに一声お掛けください

122

Please notify our staff before trying clothes on.

试穿时请告知工作人员

試穿時請告知工作人員

착용해 보실 분은 직원을 불러 주십시오

当店は前払い制となっております

123

Payment must be made in advance.

本店先付款后用餐

本店先付款後用餐

결제는 선불입니다

席にご案内しますのでお待ちください

124

Please wait to be seated.

请稍候，我们会带您入座

請稍候，我們會帶您入座

자리를 안내해 드리겠사오니 잠시만 기다려 주십시오

ご用の際はボタンを押してください

125

Please press button for assistance.

需要时请按此按钮

需要時請按此按鈕

용건이 있으신 분은 버튼을 눌러 주십시오

開閉注意（ドアの反対側に人がいる場合があります）

126

Please use caution when opening/closing the door.
Someone may be on the other side.

小心开关门（注意门后的客人）

小心開關門（注意門後的客人）

문 여닫을 때 주의 (반대편에 사람이 있을 수 있습니다)

足元にご注意ください

127

Watch your step.

小心脚下

小心腳下

발밑 조심

ゴミは持ち帰りましょう

128

Please take your trash with you.

请把垃圾带走

請把垃圾帶走

자기 쓰레기는 되가져 갑시다

食べ終わりましたら、食器類は返却口までお願いします

129

Please return your used dishes to the return counter.

用餐后请把餐具放至回收口

用餐後請將餐具放至回收口

식사가 끝나면 식기류를 반납하는 곳에 갖다 주시기 바랍니다

食券を買ってから席にお着きください

Please buy a meal ticket before sitting down.

请先买餐券，再找座位

請先買餐券，再找座位

식권 구입 후 자리에 앉아 주십시오

130

先に席をお取りください

Please take a seat before ordering.

请先找好座位

請先找好座位

먼저 자리를 잡아 주십시오

131

節電にご協力ください

Please help us conserve electricity.

请节约用电

請節約用電

절전에 협조해 주시기 바랍니다

132

年齢確認させていただく場合がございます

We may ask you to verify your age.

我们可能会确认您的年龄

我們可能會確認您的年齡

연령을 확인하는 경우가 있습니다

133

食べ放題・飲み放題

食べ放題
All-You-Can-Eat
自助餐
吃到飽
음식 무한리필

134

飲み放題
All-You-Can-Drink
无限畅饮
無限暢飲
음료 무한리필

135

2時間制
2-Hour Limit
用餐时间限2个小时
用餐時間限2個小時
2시간제

136

90分制
90-Min. Limit
用餐时间限90分钟
用餐時間限90分鐘
90분제

137

時間無制限
No Time Limit
没有时间限制
時間無限制
시간 무제한

138

大人**3,000**円（税込）
子供**1,500**円（税込）
3歳未満無料

Adults: 3,000 Yen (Tax Included)
Children: 1,500 Yen (Tax Included)
Free for Children under 3 Years of Age

成人：**3000**日元（含税）
儿童：**1500**日元（含税）
3岁以下儿童免费

成人：**3000**日圓（含税）
兒童：**1500**日圓（含税）
3歲以下兒童免費

어른**3,000** 엔 (소비세 포함)
어린이**1,500** 엔 (소비세 포함)
3세 미만 무료

マスク着用推奨

Masks Recommended

建议佩戴口罩

建議珮戴口罩

가급적 마스크를 착용해 주세요

140

健康に不安のある方は入店をお控えください

Please do not enter if you have concerns any health concerns.

担心自己健康状况的人请不要进入店铺

擔心自己健康狀況的人請不要進入店鋪

유증상자는 출입을 삼가 주십시오

141

咳エチケットにご協力ください

Keep proper coughing manners in mind.

请注意咳嗽礼仪

請注意咳嗽禮儀

기침예절을 지켜 주세요

142

消毒液をお使いください

Please feel free to use the disinfectant.

请使用免洗手消毒液

請使用免洗手消毒液

소독제를 사용해 주시기 바랍니다

143

便座のフタを閉じてから流してください

Close the toilet lid before flushing.

请盖上马桶盖后再冲水

請蓋上馬桶蓋後再冲水

변기 뚜껑을 닫고 물을 내려 주세요

144

空気清浄機稼働中

145

Air Purifier in Operation

这里开着空气净化器

這裡開著空氣淨化器

공기청정기 가동 중

換気実施中

146

Ventilation in Operation

正在进行通风换气

正在進行通風換氣

환기시스템 가동 중

感染対策実施中

147

Infection Control in Progress

正在实施疫情防控措施

正在實施疫情防控措施

방역 활동 실시 중

大声での会話はお控えください

148

Keep your voice down.

请不要大声说话

請不要大聲說話

대화할 때는 작은 목소리로

衛生面を考慮し、従業員はマスクを着用しています

149

Staff members are wearing facial masks for hygiene purposes.

为了保证饮食卫生，工作人员佩戴口罩

為了保證飲食衛生，工作人員珮戴口罩

종업원은 위생상 마스크를 착용하고 있습니다

トングや取り箸は頻繁に取り替えを行っております

150

The tongs and chopsticks are frequently replaced.

食物夹子和公筷会经常更换

食物夾子和公筷會經常更換

수시로 집게 및 젓가락을 교체하고 있습니다

軽減税率実施中
テイクアウト8%、店内飲食10%

151

Lower Tax Rate for Takeouts
To Go: 8% / For Here: 10%

外卖食物降低消费税
消费税分别为：外卖是8%、店内饮食是10%

外賣食物降低消費稅
消費稅分別為：外賣是8%、店內飲食是10%

테이크아웃 경감세율 8% 적용 중(매장 내 취식 10%)

INDEX

フレーズやPOPを検索する際に
キーワードとなる言葉を掲載しています。

索引

か

改訂版　みんなの接客中国語

発行日	2023年6月20日（初版）
著者	広瀬直子
編集	株式会社アルク　出版編集部

中国語翻訳	顧蘭亭
編集協力	板垣友子
翻訳協力（付録）	二瓶里美（中国語）、崔正熙、고경수、호한나、盧秀曍（韓国語）
装丁デザイン	chichols
装丁イラスト	くにともゆかり
本文デザイン・DTP	株式会社創樹
ナレーション	李軼倫、姜海寧、菊地信子
録音・編集	株式会社メディアスタイリスト
印刷・製本	シナノ印刷株式会社

発行者	天野智之
発行所	株式会社アルク
	〒102-0073 東京都千代田区九段北4-2-6 市ヶ谷ビル
	Website：https://www.alc.co.jp/

落丁本、乱丁本は弊社にてお取り替えいたしております。
Webお問い合わせフォームにてご連絡ください。
https://www.alc.co.jp/inquiry/

地球人ネットワークを創る

アルクのシンボル
「地球人マーク」です。